DVB

EMILY DICKINSON

DICHTUNGEN

Ausgewählt, übertragen
und mit einem Nachwort versehen
von
Werner von Koppenfels

DIETERICH'SCHE VERLAGSBUCHHANDLUNG
MAINZ

ISBN 3-87162-037-8

Gesetzt aus der Bembo-Antiqua
Gesamtherstellung:
AZ Druckhaus, Kempten
Umschlaggestaltung nach einem Entwurf von
Rambow und van de Sand, Frankfurt/Main

Inhalt

I find ecstasy in living –
the mere sense of living is joy enough.

Ich finde Ekstase im Lebendigsein –
das bloße Gefühl, zu leben, ist Freude genug.

Nature is a Haunted House – but Art – a House
that tries to be haunted.

Natur ist ein Spukhaus – doch Kunst – ein Haus,
das gern Spukhaus werden möchte.

I sing, as the Boy does by the Burying Ground –
because I am afraid –

Ich singe, wie der Junge, der am Kirchhof vorbeigeht –
weil ich Angst habe –

If I feel physically as if the top of my head were taken off,
I know that *is poetry.*

Wenn ich das Gefühl habe, als würde mir regelrecht
die Hirnschale abgenommen, dann weiß ich, *das* ist Dichtung.

Emily Dickinson in Aussprüchen und Briefen

Die Gedichte

I

They shut me up in Prose –
As when a little Girl
They put me in the Closet –
Because they liked me "still" –

Still! Could themselves have peeped –
And seen my Brain – go round –
They might as wise have lodged a Bird
For Treason – in the Pound –

Himself has but to will
And easy as a Star
Abolish his Captivity –
And laugh – No more have I –

(613)

I

Sie schlossen mich in Prosa ein –
Wie sie als kleines Kind
Mich in den Wandschrank sperrten –
Denn sie wollten mich ‚still' –

Still! Ein Blick – in mein Wirbelhirn –
Hätte sie schnell belehrt –
Grad so schlau setzt man für Hochverrat
Einen Vogel – in den Pferch –

Er braucht es nur zu wollen
Und einfach wie ein Stern
Hat er den Kerker abgeschafft –
Und lacht – Ich machs wie er –

I dwell in Possibility –
A fairer House than Prose –
More numerous of Windows –
Superior – for Doors –

Of Chambers as the Cedars –
Impregnable of Eye –
And for an Everlasting Roof
The Gambrels of the Sky –

Of Visitors – the fairest –
For Occupation – This –
The spreading wide my narrow Hands
To gather Paradise –

(657)

To see the Summer Sky
Is Poetry, though never in a Book it lie –
True Poems flee –

(1472)

To make a prairie it takes a clover and one bee,
One clover, and a bee,
And revery.
The revery alone will do,
If bees are few.

(1755)

Ich wohne in der Möglichkeit –
Ein schöneres Haus als Prosa –
Besser bestückt mit Fenstern –
An Türen – unerreichbar –

An Zimmern hoch wie Zedern –
Von Augen undurchdrungen –
Und als ein Dach das Ewig währt
Des Himmels Giebelschwung –

An Gästen – nur die schönsten –
Als Beschäftigung – nur Dies –
Die schmalen Hände weit gespreizt
Zum Griff ins Paradies –

Den Sommerhimmel sehn,
Und steht es auch in keinem Buch, ist Poesie –
Wahre Gedichte fliehn –

Für eine Prairie braucht man eine Biene, einen Klee,
Eine Biene, einen Klee,
Und Träumerei.
Wenn Bienen knapp sind, tut es auch
Träumerei allein.

I shall keep singing!
Birds will pass me
On their way to Yellower Climes –
Each – with a Robin's expectation –
I – with my Redbreast –
And my Rhymes –

Late – when I take my place in summer –
But – I shall bring a fuller tune –
Vespers – are sweeter than Matins – Signor –
Morning – only the seed of Noon –

(250)

Split the Lark – and you'll find the Music –
Bulb after Bulb, in Silver rolled –
Scantily dealt to the Summer Morning
Saved for your Ear when Lutes be old.

Loose the Flood – you shall find it patent –
Gush after Gush, reserved for you –
Scarlet Experiment! Sceptic Thomas!
Now, do you doubt that your Bird was true?

(861)

Ich will weiter singen!
Vögel werden mich überholen
Nach Gelberen Gegenden reisend –
Jeder – mit seinem Drosselhoffen –
Ich – mit meinem Rotkehlchen –
Und meinen Reimen –

Spät – find ich meinen Platz im Sommer –
Doch – ich bringe volleren Klang –
Vesper – ist süßer – Signor – als das Frühlied –
Morgen – nur des Mittags Saat –

Spalte die Lerche – du findest die Töne –
Knolle um Knolle, Silbern geballt –
Sparsam verteilt an die Sommermorgen
Bewahrt für dein Ohr wenn die Laute verhallt.

Löse die Flut – klaffend siehst du sie liegen –
Schwall um Schwall, nur für dich reserviert –
Purpurne Probe! Ungläubiger Thomas!
Der Vogel war echt, ist dein Zweifel kuriert?

To pile like Thunder to its close
Then crumble grand away
While Everything created hid
This – would be Poetry –

Or Love – the two coeval come –
We both and neither prove –
Experience either and consume –
For None see God and live –

(1247)

Of Bronze – and Blaze –
The North – Tonight –
So adequate – it forms –
So preconcerted with itself –
So distant – to alarms –
An Unconcern so sovereign
To Universe, or me –
Infects my simple spirit
With Taints of Majesty –
Till I take vaster attitudes –
And strut upon my stem –
Disdaining Men, and Oxygen,
For Arrogance of them –

My Splendors, are Menagerie –
But their Competeless Show
Will entertain the Centuries
When I, am long ago,
An Island in dishonored Grass –
Whom none but Beetles – know.

(290)

Sich wie Donner türmen bis er birst
Dann grollend groß verziehn
Während Alle Kreatur sich duckt
Das – wäre Poesie –

Wär Liebe – zwei die gleichgeborn –
Zwei oder keins geschieht –
Spür eines und du bist verzehrt –
Keiner schaut Gott und lebt –

Aus Bronze – und Glanz –
Heutnacht – Der Norden –
So mit sich selbst – im Einklang –
So von sich absorbiert –
Aller Unrast – so enthoben –
Zeigt Nonchalance so souverän
Gegen mich, oder die Welt –
Daß den schlichten Geist mir Anflug
Von Majestät Befällt –
Bis ich mich groß in Pose werf –
Auf meinem Stiel stolziere –
Schau herab auf Mensch, und Sauerstoff,
Mit hochfahrenden Allüren –

Meine Glorien – sind Menagerie –
In Unerreichter Schau
Ergötzen sie Jahrhunderte
Während ich selber, längst,
Insel bin im entehrten Gras –
Die nur der Käfer – kennt.

The Poets light but Lamps –
Themselves – go out –
The Wicks they stimulate –
If vital Light

Inhere as do the Suns –
Each Age a Lens
Disseminating their
Circumference –

(883)

He ate and drank the precious Words –
His Spirit grew robust –
He knew no more that he was poor,
Nor that his frame was Dust –

He danced along the dingy Days
And this Bequest of Wings
Was but a Book – What Liberty
A loosened spirit brings –

(1587)

Dichter zünden Lampen an –
Sie selbst – vergehn –
Dochte die sie entflammen –
Wenn ihr Licht lebt

Bestehn wie Sonnen –
Linse wird jede Zeit
Die überallhin
Ihren Lichtkreis streut –

Er aß und trank kostbares Wort –
Seine Seele wuchs sich stark –
Er vergaß wie karg sein Leben war,
Und daß sein Leib aus Staub –

Er tanzte durch den trüben Tag
Dies Geflügelte Vermächtnis
War bloß ein Buch – Wie Frei macht uns
Ein freigelassener Geist –

There is no Frigate like a Book
To take us Lands away
Nor any Coursers like a Page
Of prancing Poetry –
This Traverse may the poorest take
Without oppress of Toll –
How frugal is the Chariot
That bears the Human soul.

(1263)

A word is dead
When it is said,
Some say.

I say it just
Begins to live
That day.

(1212)

Could mortal lip divine
The undeveloped Freight
Of a delivered syllable
'Twould crumble with the weight.

(1409)

Ein Wort achtlos aufs Blatt gesetzt
Erregt ein Auge noch
Wenn längst in ewigen Saum genäht
Zerfurcht sein Schöpfer ruht

Ansteckung keimt in einem Satz
Verzweiflung atmen wir
Über Jahrhunderte hinweg
Aus dem Malariaherd –

Seht eine Blüte des Gehirns –
Feine – kursive Saat
Plan oder Zufall trug sie her
Geist der Frucht gebracht –

Scheu wie der Wind seiner Kammern
Schnell wie die Zunge der Flut
So auch die Seelenblume
Unbekannt ihr Wuchs.

Wird sie gefunden, sind wenige froh
Die Weisen bringen sie Heim
Hegen sorgsam den Flecken
Hoffen auf neues Reis.

Geht sie verloren, soll der Tag
Gottes Begräbnis sein,
Auf seiner Brust, eine Seele entseelt,
Schließt sich die Blume des Herrn.

The words the happy say
Are paltry melody
But those the silent feel
Are beautiful –

(1750)

Embarrassment of one another
And God
Is Revelation's limit,
Aloud
Is nothing that is chief,
But still,
Divinity dwells under seal.

(662)

Silence is all we dread.
There's Ransom in a Voice –
But Silence is Infinity.
Himself have not a face.

(1251)

Worte von Glücklichen gesagt
Dürftige Melodien
Doch Worte von Schweigenden gefühlt
Sind schön –

Befangenheit vor einander
Und Gott
Ist die Grenze der Offenbarung,
Laut
Ist nichts Höchstes,
Sondern still,
Gottheit lebt unterm Siegel.

Nur Stille macht uns Angst.
Ein einziges Wort Erlöst –
Doch Stille ist Unendlichkeit.
Sie Selbst hat kein Gesicht.

Tell all the Truth but tell it slant –
Success in Circuit lies
Too bright for our infirm Delight
The Truth's superb surprise

As Lightening to the Children eased
With explanation kind
The Truth must dazzle gradually
Or every man be blind –

(1129)

Essential Oils – are wrung –
The Attar from the Rose
Be not expressed by Suns – alone –
It is the gift of Screws –

The General Rose – decay –
But this – in Lady's Drawer
Make Summer – When the Lady lie
In Ceaseless Rosemary –

(675)

Sag Wahrheit ganz doch sag sie schief –
Der Umweg bringt Gewinn
Zu hell reißt unsere schwache Lust
Ihr prächtiger Ausbruch hin

Wie man den Blitzschlag Kindern
Besänftigend erklärt
Schön sacht muß Wahrheit blenden
Blind wird sonst alle Welt –

Ätherische Öle – sind gepreßt –
Ist doch Essenz der Rosen
Ausdruck von Sonnen – nicht allein –
Auch ein Geschenk von Schrauben –

Die Allgemeine Rose – welkt –
Doch sie – im Boudoir
Macht Sommer – Wenn die Dame längst
Auf Rosmarin gebahrt –

Fame of Myself, to justify,
All other Plaudit be
Superfluous – An Incense
Beyond Necessity –

Fame of Myself to lack – Although
My Name be else Supreme –
This were an Honor honorless –
A futile Diadem –

(713)

Some – Work for Immortality –
The Chiefer part, for Time –
He – Compensates – immediately –
The former – Checks – on Fame –

Slow Gold – but Everlasting –
The Bullion of Today –
Contrasted with the Currency
Of Immortality –

A Beggar – Here and There –
Is gifted to discern
Beyond the Broker's insight –
One's – Money – One's – the Mine –

(406)

Ruhm aus Mir Selbst, als Rechenschaft,
Sonstiger Beifall wäre
Mir ein Zuviel – Ein Weihrauch
Weit über den Bedarf –

Ruhmlos in Mir – Und stünde auch
Mein Name Eminent –
Wär eine Ehrung die entehrt –
Nichtiges Diadem –

Manche – Dienen für Unsterblichkeit –
Die Meisten, nur für Zeit –
Denn die – Vergütet – augenblicks –
Jene – prüft Ruhm – und Geizt –

Langsames Gold – hat Ewig Wert –
Kleingeld der Heutigen Zeit –
Im Gegensatz zur Währung
Der Unsterblichkeit –

Ein Bettler – Hier wie Dort –
Vermag wohl zu erkennen
Mehr als ein Spekulant begreift –
Was – Geld ist – und was Mine –

Publication – is the Auction
Of the Mind of Man –
Poverty – be justifying
For so foul a thing

Possibly – but We – would rather
From Our Garret go
White – Unto the White Creator –
Than invest – Our Snow –

Thought belong to Him who gave it –
Then – to Him Who bear
Its Corporeal illustration – Sell
The Royal Air –

In the Parcel – Be the Merchant
Of the Heavenly Grace –
But reduce no Human Spirit
To Disgrace of Price –

(709)

Your thoughts don't have words every day
They come a single time
Like signal esoteric sips
Of the communion Wine
Which while you taste so native seems
So easy so to be
You cannot comprehend its price
Nor its infrequency

(1452)

Publikation – ist die Auktion
Von Menschengeist –
Rechtfertigt – Armut
Solche Scheußlichkeit?

Mag sein – doch Wir – wollen eher
Weiß – aus der Mansarde
Vor Unseren Weißen Schöpfer gehn –
Als mit Unserem Schnee – zu Markte –

Gedanken sind des Gebers Gut –
Und darum – Verkauft
Ihr Materielles Abbild – nur
Für Königliche Luft –

Mit vergütet – sei der Makler
Dieser Himmelsgnade –
Doch niemals dürft ihr Menschengeist
An Schnöden Preis verraten –

Nicht täglich findet dein Denken Worte
Sie stehn nur einmal bereit
Wie geheime heilige Schlucke
Von Abendmahlswein
Der dir im Kosten heimisch scheint
So einfach wie er schmeckt
Daß seinen Preis du nicht begreifst
Noch seine Rarität

II

A Drunkard cannot meet a Cork
Without a Revery –
And so encountering a Fly
This January Day
Jamaicas of Rememberance stir
That send me reeling in –
The moderate drinker of Delight
Does not deserve the spring –
Of juleps, part are in the Jug
And more are in the joy –
Your connoisseur in Liquors
Consults the Bumble Bee –

(1628)

A little Madness in the Spring
Is wholesome even for the King,
But God be with the Clown –
Who ponders this tremendous scene –
This whole Experiment of Green –
As if it were his own!

(1333)

II

Kaum trifft ein Trinker einen Kork
Fängt er zu Träumen an –
So rührte eine Fliege
An diesem Januartag
Jamaikas der Erinnerung auf
Ich taumelte dahin –
Wer mäßig Freuden trinken kann
Verdient die Quelle nicht –
Vom Trunk – steckt nur ein Teil im Krug
Mehr in der Freudenstimmung –
Der Connoisseur in Alkohol
Holt sich Kunde bei der Hummel –

Ein bißchen Frühlingstollheit tut
Sogar dem König oben gut,
Doch Gott sei mit dem Clown –
Der die enormen Szenerien –
Den ganzen Großversuch in Grün –
Ansieht als wärn sie sein!

I taste a liquor never brewed –
From Tankards scooped in Pearl –
Not all the Vats upon the Rhine
Yield such an Alcohol!

Inebriate of Air – am I –
And Debauchee of Dew –
Reeling – thro endless summer days –
From inns of Molten Blue –

When "Landlords" turn the drunken Bee
Out of the Foxglove's door –
When Butterflies – renounce their "drams" –
I shall but drink the more!

Till Seraphs swing their snowy Hats –
And Saints – to windows run –
To see the little Tippler
Leaning against the – Sun –

(214)

Blazing in Gold and quenching in Purple
Leaping like Leopards to the Sky
Then at the feet of the old Horizon
Laying her spotted Face to die
Stooping as low as the Otter's Window
Touching the Roof and tinting the Barn
Kissing her Bonnet to the Meadow
And the Juggler of Day is gone

(228)

Ich schlürfe niegebrauten Trunk –
Aus Perlmuttenem Pokal –
Am ganzen Rhein kein einziges Faß
Hält solchen Alkohol!

Taumle – Tieftrunken von der Luft –
Und Schwerberauscht vom Tau –
Durch Sommertage – ungezählt –
Aus Kneipen Schmelzend Blau –

Und setzt der Wirt vom ‚Fingerhut'
Beschwipste Bienen vor die Tür –
Schwört der Schmetterling dem ‚Schnäpschen' ab –
Ich trink nur umso mehr!

Bis der Seraph den Schneehut schwingt –
Himmelsschar – ans Fenster rennt –
Den kleinen Zecher zu beschaun
Der an der – Sonne – lehnt

Aufflammend in Gold und verlöschend in Purpur
Leoparden gleich in den Himmel geschnellt
Dem alten Horizont zu Füßen
Dann sterbend das Fleckengesicht gelegt
Duckt sich tief bis zum Otterfenster
Tupft die Scheune und tönt das Dach
Schwenkt noch zur Wiese hin seine Mütze
Und der Gaukler von Tag tritt ab

A Sloop of Amber slips away
Upon an Ether Sea,
And wrecks in Peace a Purple Tar,
The Son of Ecstasy –

(1622)

A Bird came down the Walk –
He did not know I saw –
He bit an Angleworm in halves
And ate the fellow, raw,

And then he drank a Dew
From a convenient Grass –
And then hopped sidewise to the Wall
To let a Beetle pass –

He glanced with rapid eyes
That hurried all around –
They looked like frightened Beads, I thought –
He stirred his Velvet Head

Like one in danger, Cautious,
I offered him a Crumb
And he unrolled his feathers
And rowed him softer home –

Than Oars divide the Ocean,
Too silver for a seam –
Or Butterflies, off Banks of Noon
Leap, plashless as they swim.

(328)

Eine Brigg von Bernstein treibt hinaus
Auf dem Äther-Ozean,
Sinkt Sanft mit ihrem Purpurmaat,
Der Ekstase Sonnensohn –

Ein Vogel kam den Pfad herab –
Wußte nicht daß ichs sah –
Biß einen Angelwurm entzwei
Und aß den Burschen, roh,

Und trank dann einen Tau
Bequem vom nahen Halm –
Hüpfte zur Mauer hin und bot
Dem Käfer freie Bahn –

Aus flinken Augen schaute er
Die huschten rings herum –
Schreckhafte Perlen, dacht ich mir –
Er rührt den Kopf von Samt

Wie ein Bedrohter, Vorsichtig,
Bot ich ihm Krume an
Und er entrollt die Federn
Und schwingt sich sachter heim –

Als Ruder Meere teilen,
Vor Silber ohne Saum –
Der Schmetterling vom Mittagsstrand
Abspringt, gischtlos, und schwimmt.

A Route of Evanescence
With a revolving Wheel –
A Resonance of Emerald –
A Rush of Cochineal –
And every Blossom on the Bush
Adjusts its tumbled Head –
The Mail from Tunis, probably,
An easy Morning's Ride –

(1463)

An Everywhere of Silver
With Ropes of Sand
To keep it from effacing
The Track called Land.

(884)

Eine Fährte der Verflüchtigung
Mit einem Rad das schwirrt –
Dazu ein Nachklang von Smaragd –
Ein Schwall von Koschenill –
Und jede Blüte auf dem Busch
Streicht ihr zerzaustes Haar –
Die Post aus Tunis, was denn sonst,
Eine kleine Morgenfahrt –

Ein Überall aus Silber
Und Stränge von Sand
Sonst löscht es am Ende
Die Spur namens Land.

I dreaded that first Robin, so,
But He is mastered, now,
I'm some accustomed to Him grown,
He hurts a little, though –

I thought if I could live
Till that first Shout got by –
Not all Pianos in the Woods
Had power to mangle me –

I dared not meet the Daffodils –
For fear their Yellow Gown
Would pierce me with a fashion
So foreign to my own –

I wished the Grass would hurry –
So – when 'twas time to see –
He'd be too tall, the tallest one
Could stretch – to look at me –

I could not bear the Bees should come,
I wished they'd stay away
In those dim countries where they go,
What word had they, for me?

They're here, though; not a creature failed –
No Blossom stayed away
In gentle deference to me –
The Queen of Calvary –

Each one salutes me, as he goes,
And I, my childish Plumes,
Lift, in bereaved acknowledgement
Of their unthinking Drums –

(348)

Vor der ersten Drossel war mir – bang,
Sie ist bezwungen, jetzt,
Hab mich soweit an Sie gewöhnt,
Daß Sie nur wenig schmerzt –

Wenn ich bloß durchhielt, dacht ich mir,
Bis der erste Schrei verhallte –
Alle Klaviere nicht im Wald
Hätten Macht mich zu zerspalten –

Hielt mich von den Narzissen fern –
Daß nicht ihr Gelbes Kleid
Mit einer Mode mich durchdrang
So fremd und fern der meinen –

Ich trieb das Gras zur Eile an –
Damit – zur Zeit des Sehens –
Es ragte, daß die höchste nicht
Mich hochgereckt – erspähte –

Der Bienen Ankunft quälte mich,
Wärn sie nur fortgeblieben
In ihrem trüben Winterland,
Was sollte mir – ihr Reden?

Doch sie sind da; nicht ein Geschöpf
Blieb aus – Kein Blütenkind
Aus zarter Achtung gegen mich –
Kalvarienkönigin –

Jedes grüßt her zu mir, im Gehn,
Kindliche Federkrone
Heb ich trauernd, in Erkenntlichkeit
Für ihr unbedachtes Trommeln –

A narrow Fellow in the Grass
Occasionally rides –
You may have met Him – did you not
His notice sudden is –

The Grass divides as with a Comb –
A spotted shaft is seen –
And then it closes at your feet
And opens further on –

He likes a Boggy Acre
A Floor too cool for Corn –
Yet when a Boy, and Barefoot –
I more than once at Noon
Have passed, I thought, a Whip lash
Unbraiding in the Sun
When stooping to secure it
It wrinkled, and was gone –

Several of Nature's People
I know, and they know me –
I feel for them a transport
Of cordiality –

But never met this Fellow
Attended, or alone
Without a tighter breathing
And Zero at the Bone –

(986)

Ein schmaler Bursche schiebt sich
Bisweilen durch das Gras –
Du hast Ihn schon gesehn – bestimmt
Er sagt sich nicht lang an –

Das Gras zerteilt sich wie Gekämmt –
Ein Speer taucht auf, gefleckt –
Dann schließt es sich vor deinem Fuß
Öffnet sich weiter weg –

Er mag sein Grundstück im Morast
Ein Parterre zu kühl für Korn –
Doch als Bub, Barfuß am Mittag
Fand ich manchmal, wie mir schien,
Eine Peitschenschnur, die lag entrollt
In der Sonne auf dem Grund
Und immer wenn ich nach ihr griff
Wand sie sich, und war fort –

Ich kenne manche aus dem Volk
Der Natur, sie kennen mich –
Fühle für sie im Überschwang
Herzliche Sympathie –

Doch diesen Burschen traf ich nie
Ob mit andern, ob allein,
Ohne stockenden Atem
Gefrierpunkt im Gebein –

Further in Summer than the Birds
Pathetic from the Grass
A minor Nation celebrates
Its unobtrusive Mass.

No Ordinance be seen
So gradual the Grace
A pensive Custom it becomes
Enlarging Loneliness.

Antiquest felt at Noon
When August burning low
Arise this spectral Canticle
Repose to typify

Remit as yet no Grace
No Furrow on the Glow
Yet a Druidic Difference
Enhances Nature now

(1068)

Tiefer als Vögel Sommerlich
Ergreifend aus dem Grase
Singt eine winzige Nation
Ihre diskrete Messe.

Ein unsichtbares Ritual
Die Gnade so graduell
Wird sinnende Gewohnheit
Die das Alleinsein füllt.

Urältest fühlt sichs Mittags
Wenn schon August verglüht
Aufsteigt der Hymnus geisterhaft
Der Rast symbolisiert

Erläßt noch keine Gnade
Auf dem Glast nicht eine Spur
Doch Druidische Differenz
Erhöht jetzt die Natur

The Crickets sang
And set the Sun
And Workmen finished one by one
Their Seam the Day upon.

The low Grass loaded with the Dew
The Twilight stood, as Strangers do
With Hat in Hand, polite and new
To stay as if, or go.

A Vastness, as a Neighbor, came,
A Wisdom, without Face, or Name,
A Peace, as Hemispheres at Home
And so the Night became.

(1104)

The Earth has many keys.
Where melody is not
Is the unknown peninsula.
Beauty is nature's fact.

But witness for her land,
And witness for her sea,
The cricket is her utmost
Of elegy to me.

(1775)

Die Grillen sangen
Und versenkten die Sonne
Werkleute legten nach und nach
Letzte Hand am Saum des Tages an.

Das niedere Gras vom Tau beschwert
Die Dämmerung stand, wie Fremde tun,
Höflich und neu, Hut in der Hand
Als ob zum Bleiben, oder Gehn.

Weite kam, Nachbarlich, herein,
Weisheit, Gesichtlos, Unnennbar,
Friede, als kehrten Welten heim
Und die Nacht geschah.

Erde hat viele Töne.
Wo Melodie verstummt
Liegt Vorgebirge, unbekannt.
Schönheit ist Faktum der Natur.

Doch von den Zeugen für ihr Land,
Zeugen für ihre See,
Ist die Grille mir das Äußerste
An Elegie.

Four Trees – upon a solitary Acre –
Without Design
Or Order, or Apparent Action –
Maintain –

The Sun – upon a Morning meets them –
The Wind –
No nearer Neighbor – have they
But God –

The Acre gives them – Place –
They – Him – Attention of Passer by –
Of Shadow, or of Squirrel, haply –
Or Boy –

What Deed is Theirs unto the General Nature –
What Plan
They severally – retard – or further –
Unknown –

(742)

Vier Bäume – auf einsamem Acker –
Absichtslos
Ohne Ordnung, oder Offenen Auftrag –
Halten aus –

Die Sonne – trifft sie am Morgen –
Der Wind –
Kennen keinen – näheren Nachbarn –
Als Gott –

Der Acker schenkt ihnen – Platz –
Sie – Ihm – Beachtung von Wanderern –
Von Schatten, Eichhörnchen, vielleicht –
Oder Kindern –

Was nun Ihr Werk für die Große Natur –
Welchen Plan
Jeder für sich – hemmt – oder fortführt –
Unbekannt –

A House upon the Height –
That Wagon never reached –
No Dead, were ever carried down –
No Peddler's Cart – approached –

Whose Chimney never smoked –
Whose Windows – Night and Morn –
Caught Sunrise first – and Sunset – last –
Then – held an Empty Pane –

Whose fate – Conjecture knew –
No other neighbor – did –
And what it was – we never lisped –
Because He – never told –

(399)

Ein Haus auf der Höhe –
Zu dem kein Wagen kam –
Tote – trug man dort nie hinaus –
Nie nahte – ein Krämerkarrn –

Kamine ewig ohne Rauch –
Die Fenster – Früh und Abends –
Fingen das erste – letzte – Rot –
Danach – nur Leere Scheiben –

Mutmaßung kannte – sein Geschick –
Kein anderer Nachbar – sonst –
Und was es war – erfuhrn wir nie –
Weil Sie – es nie verriet –

I like to see it lap the Miles –
And lick the Valleys up –
And stop to feed itself at Tanks –
And then – prodigious step

Around a Pile of Mountains –
And supercilious peer
In Shanties – by the sides of Roads –
And then a Quarry pare

To fit its Ribs
And crawl between
Complaining all the while
In horrid – hooting stanza –
Then chase itself down Hill –

And neigh like Boanerges –
Then – punctual as a Star
Stop – docile and omnipotent
At its own stable door –

(585)

Ich seh gern wie er Meilen schluckt –
Ein ganzes Tal aufleckt –
Und steht und säuft sich satt an Tanks –
Und dann – mit mächtigem Satz

Um ein Getürm von Bergen springt –
Hochnäsig von der Höh
Auf Hütten schaut – am Straßenrand –
Und einen Steinbruch höhlt

Bis er ihm um die Rippen paßt
Und sich dazwischen zwängt
Dabei laut heulend klagt
In greulich – grellem Sang –
Dann – sich zu Tale jagt –

Wie Boanerges wiehert –
Und – pünktlich wie ein Stern –
Gefügig und allmächtig
Vor seiner Stalltür – steht –

Boanerges: ‚Sohn des Donners' (nach Markus 3:17)

What mystery pervades a well!
That water lives so far –
A neighbor from another world
Residing in a jar

Whose limit none have ever seen,
But just his lid of glass –
Like looking every time you please
In an abyss's face!

The grass does not appear afraid,
I often wonder he
Can stand so close and look so bold
At what is awe to me.

Related somehow they may be,
The sedge stands next the sea –
Where he is floorless
And does no timidity betray

But nature is a stranger yet;
The ones that cite her most
Have never passed her haunted house,
Nor simplified her ghost.

To pity those that know her not
Is helped by the regret
That those who know her, know her less
The nearer her they get.

(1400)

Welch ein Geheimnis birgt ein Quell!
Das Wasser lebt so weit –
Nachbar aus einer anderen Welt
In einem Krug daheim

Von dem den Grund noch keiner sah,
Das Glas nur das ihn schließt –
Als sähe man sooft man mag
Dem Abgrund ins Gesicht!

Dem Grashalm scheint es nicht zu graun,
Mich wundert wie ers schafft
So nah zu stehn und kühn zu schaun
Was mich erschauern macht.

Irgendwie sind sie wohl verwandt,
Das Ried steht an der See –
Dort wo kein Boden ist
Und Furcht verrät es nie

Doch Natur ist eine Fremde noch;
Die sie so oft zitieren
Mochten nie ihrem Spukhaus nahn,
Noch ihren Geist beschwören.

Mitleid für den der sie nicht kennt
Ist Trauer beigemischt
Daß wer sie kennt, sie weniger kennt
Je näher er ihr ist.

I started Early – Took my Dog –
And visited the Sea –
The Mermaids in the Basement
Came out to look at me –

And Frigates – in the Upper Floor
Extended Hempen Hands –
Presuming Me to be a Mouse –
Aground – upon the Sands –

But no Man moved Me – till the Tide
Went past my simple Shoe –
And past my Apron – and my Belt
And past my Bodice – too –

And made as He would eat me up –
As wholly as a Dew
Upon a Dandelion's Sleeve –
And then – I started – too –

And He – He followed – close behind –
I felt His Silver Heel
Upon my Ankle – Then my Shoes
Would overflow with Pearl –

Until We met the Solid Town –
No One He seemed to know –
And bowing – with a Mighty look –
At me – The Sea withdrew –

(520)

Ich brach Früh auf – Nahm meinen Hund –
Besichtigte die See –
Die Nixen aus dem Tiefparterre
Kamen hoch um mich zu sehn –

Und Fregatten – in der Beletage
Streckten Hände aus von Hanf –
Hielten Mich wohl für eine Maus –
Gestrandet – auf dem Sand –

Nah trat Mir Niemand – bis der Schwall
Der Flut den schlichten Schuh umfloß –
Und über Schurz – und Gürtel stieg
Über mein Mieder – noch –

Und tat als wollt Er mich verzehrn –
So ganz und gar wie Tau
Am Ärmel eines Löwenzahns –
Und dann – rannte ich – auch –

Und Er – Er folgte – auf dem Fuß –
Stieß seine Silberferse
An meinen Knöchel – und dann schwamm
Mein Schuh in lauter Perlen –

So trafen Wir die Feste Stadt –
Bekannt schien Sie Ihm nicht –
Höflich – mit Mächtigem Blick – auf mich –
Zog sich Das Meer – zurück –

The Wind – tapped like a tired Man –
And like a Host – "Come in"
I boldly answered – entered then
My Residence within

A Rapid – footless Guest –
To offer whom a Chair
Were as impossible as hand
A Sofa to the Air –

No Bone had He to bind Him –
His Speech was like the Push
Of numerous Humming Birds at once
From a superior Bush –

His Countenance – a Billow
His Fingers, as He passed
Let go a music – as of tunes
Blown tremulous in Glass –

He visited – still flitting –
Then like a timid Man
Again, He tapped – 'twas flurriedly –
And I became alone –

(436)

Wind pochte – wie ein müder Mann –
Wie ein Wirt rief ich – ‚Herein'
Ganz ohne Furcht – so trat Er denn
In meine Klause ein

Ein Rascher – ein fußloser Gast –
Einen Stuhl dem anzubieten
Wär so unpassend wie der Luft
Ein Sofa hinzuschieben –

So beinlos ungebunden Er –
Seine Rede glich dem Husch
Von hundert Kolibris zugleich
Herab aus hohem Busch –

Sein Angesicht – war Woge –
Im Streichen – Seine Finger
Machten Musik – wie Tremolos
Auf Glas geblasen klingen –

Er plauderte – im Flatterton –
Dann wie aus Schüchternheit
Nochmals ein Pochen – wirbelig –
Und ich wurde allein –

It sounded as if the Streets were running
And then – the Streets stood still –
Eclipse – was all we could see at the Window
And Awe – was all we could feel.

By and by – the boldest stole out of his Covert
To see if Time was there –
Nature was in an Opal Apron,
Mixing fresher Air.

(1397)

An awful Tempest mashed the air –
The clouds were gaunt, and few –
A Black – as of a Spectre's Cloak
Hid Heaven and Earth from view.

The creatures chuckled on the Roofs –
And whistled in the air –
And shook their fists –
And gnashed their teeth –
And swung their frenzied hair.

The morning lit – the Birds arose –
The Monster's faded eyes
Turned slowly to his native coast –
And peace – was Paradise!

(198)

Es klang als ob die Straßen rannten
Und dann – standen sie still –
Finsterung – war alles was wir sahn
Und Ehrfurcht – was wir fühlten.

Behutsam – kam der Kühnste hoch
Ob er die Zeit erspähte –
Türkisgeschürzt war die Natur,
Mischte frischeren Äther.

Ein wüster Sturm stampfte die Luft
Gewölk war karg, und finster –
Ein Schwarz – wie ein Gespensterrock
Vermummte Land und Himmel.

Die Wesen kicherten auf den Dächern –
Und pfiffen durch Lüfte –
Und ballten die Fäuste –
Und fletschten die Zähne –
Und schwangen wirres Haar wie besessen.

Auf flogen die Vögel – der Morgen entflammte –
Das Ungetüm mit ersterbendem Blick
Wandte sich langsam nach heimischen Landen –
Und der Friede – war Paradies!

There came a Wind like a Bugle –
It quivered through the Grass
And a Green Chill upon the Heat
So ominous did pass
We barred the Windows and the Doors
As from an Emerald Ghost –
The Doom's electric Moccasin
That very instant passed –
On a strange Mob of panting Trees
And Fences fled away
And Rivers where the Houses ran
Those looked that lived – that Day –
The Bell within the steeple wild
The flying tidings told –
How much can come
And much can go,
And yet abide the World!

(1593)

The Clouds their Backs together laid
The North begun to push
The Forests galloped till they fell
The Lightning played like mice

The Thunder crumbled like a stuff
How good to be in Tombs
Where Nature's Temper cannot reach
Nor missile ever comes

(1172)

Ein Wind lief wie ein Hornsignal –
Erschauernd durch das Gras
Ein ominöses Frösteln fiel
So Grün die Hitze an
Wir machten Fenster dicht und Tür
Vor dem Smaragdenen Geist –
Die stromgeladenen Mokassins
Des Unheils traten da
Auf Baumgesindel, keuchend, fremd
Und Gatter rannten weg
Und Flüsse wo die Häuser flohn
Was lebte, staunte – jenen Tag –
Vom Turm gellte die Glocke
Im Flug die Kunde wild –
Wieviel kommen kann
Und wieviel gehn,
Und dennoch bleibt die Welt!

Die Wolkenbuckel ballten sich
Der Norden schob sich näher
Die Wälder jagten, stürzten hin
Wie Mäuse tollten Blitze

Donner zerfaserte wie Stoff
Wie gut im Grab zu liegen
Dem Koller der Natur entrückt
Den Geschossen zu entlegen

As imperceptibly as Grief
The Summer lapsed away –
Too imperceptible at last
To seem like Perfidy –
A Quietness distilled
As Twilight long begun,
Or Nature spending with herself
Sequestered Afternoon –
The Dusk drew earlier in –
The Morning foreign shone –
A courteous, yet harrowing Grace,
As Guest, that would be gone –
And thus, without a Wing
Or service of a Keel
Our Summer made her light escape
Into the Beautiful.

(1540)

Unmerklich wie ein Kummer
Entglitt der Sommer leis –
Zu unmerklich selbst für den Schein
Einer Treulosigkeit –
Ein Destillat aus Stille
Zwielicht das lange fällt
Natur die Nachmittags mit sich
Entrückte Einkehr hält –
Früh zog die Dämmrung ein –
Der Morgen strahlte fremd –
Grazie, so höflich schneidend,
Ein Gast, der sachte drängt –
So ohne jede Kielspur
Und ohne Flügelschlag
Geschahs daß unser Sommer
Sich fort zur Schönheit stahl.

These are the days when Birds come back –
A very few – a Bird or two –
To take a backward look.

Thes are the days when skies resume
Tho old – old sophistries of June –
A blue and gold mistake.

Oh fraud that cannot cheat the Bee –
Almost thy plausibility
Induces my belief.

Till ranks of seeds their witness bear –
And softly thro' the altered air
Hurries a timid leaf.

Oh Sacrament of summer days,
Oh Last Communion in the Haze –
Permit a child to join.

Thy sacred emblems to partake –
Thy consecrated bread to take
And thine immortal wine!

(130)

Tage da kehren Vögel heim –
Ganz wenige nur – zwei oder drei –
Nochmals zurück zu schaun.

Die Tage, da die Himmel wieder
Alt – alte Mai-Sophismen üben
Irrtum aus Gold und Blau.

O Trug der Bienen nicht betört –
Doch mich zum Glauben fast bekehrt
So glaubhaft ist dein Schein.

Bis Samenscharen Zeugnis tun –
Und durch die fremdgefühlte Luft
Ein Blatt treibt leis und scheu.

O Sakrament der Sommerfeier,
O Abendmahl im zarten Schleier –
Ein Kind laß zu dir ein.

Zu teilen heilige Embleme –
Und dein geweihtes Brot zu nehmen
Und unsterblichen Wein!

The name – of it – is "Autumn" –
The hue – of it – is Blood –
An Artery – upon the Hill –
A Vein – along the Road –

Great Globules – in the Alleys –
And Oh, the Shower of Stain –
When Winds – upset the Basin –
And spill the Scarlet Rain –

It sprinkles Bonnets – far below –
It gathers ruddy Pools –
Then – eddies like a Rose – away –
Upon Vermilion Wheels –

(656)

To my quick ear the Leaves – conferred –
The Bushes – they were Bells –
I could not find a Privacy
From Nature's sentinels –

In Cave if I presumed to hide
The Walls – begun to tell –
Creation seemed a mighty Crack –
To make me visible –

(891)

Sein Name – lautet- ‚Herbst' –
Und Blut – heißt – seine Farbe –
Eine Arterie – Hügelauf –
Eine Vene – längs der Straße –

Groß Klumpt es sich – in den Alleen –
Und Oh, die Rotfontäne –
Wenn Winde – durch das Becken fahrn –
Versprühn den Scharlachregen –

Hauben besprengt er – unten tief –
Rötet Lachen auf dem Boden –
Wirbelt dann – wie eine Rose – fort –
Auf Rädern von Zinnober –

Blätter sprachen – in mein scharfes Ohr –
Gebüsch – war Glockenruf –
Keinerlei Zuflucht fand ich mehr
Vor den Spähern der Natur –

Sucht ich eine Höhle als Versteck
Verriet – die Wand mich gleich –
Alle Schöpfung schien ein mächtiger Spalt –
Damit ich sichtbar sei –

There's a certain Slant of light,
Winter Afternoons –
That oppresses, like the Heft
Of Cathedral Tunes –

Heavenly Hurt, it gives us –
We can find no scar,
But internal difference,
Where the Meanings, are –

None may teach it – Any –
'Tis the Seal Despair –
An imperial affliction
Sent us of the Air –

When it comes, the Landscape listens –
Shadows – hold their breath –
When it goes, 'tis like the Distance
On the look of Death –

(258)

Glass was the Street – in tinsel Peril
Tree and Traveller stood –
Filled was the Air with merry venture
Hearty with Boys the Road –

Shot the lithe Sleds like shod vibrations
Emphasized and gone
It is the Past's supreme italic
Makes this Present mean –

(1498)

Es ist ein Licht von Schrägem Fall,
Winternachmittags –
Drückt uns nieder, wie die Wucht
Eines Domchorals –

Wirkt Himmlische Verheerung –
Narben läßt es nicht,
Nur ein inneres Anderssein,
Wo Bedeutung – liegt –

Keiner faßt es – Jeder –
Heimsuchung Herrscherlich –
Besiegelte Verzweiflung
Uns aus der Luft geschickt –

Wenn es kommt, dann lauscht die Landschaft –
Schatten – atemlos –
Wenn es geht, ists wie die Ferne
Aus dem Blick des Todes –

Glas war die Straße – in brüchigem Flitter
Stand Wald und Wandersmann –
Voll war die Luft von fröhlichem Wagnis
Beherzt von Jungen der Hang –

Flink glitt der Schlitten, beschlagene Schwingung
Hob sich hervor und vorbei
Übergroßes Kursiv des Vergangnen
Schreibt das Heute klein –

It sifts from Leaden Sieves –
It powders all the Wood.
It fills with Alabaster Wool
The Wrinkles of the Road –

It makes an Even Face
Of Mountain, and of Plain –
Unbroken Forehead from the East
Unto the East again –

It reaches to the Fence –
It wraps it Rail by Rail
Till it is lost in Fleeces –
It deals Celestial Vail

To Stump, and Stack – and Stem –
A Summer's empty Room –
Acres of Joints, where Harvests were,
Recordless, but for them –

It Ruffles Wrists of Posts
As Ankles of a Queen –
Then stills its Artisans – like Ghosts –
Denying they have been –

(311)

Es rieselt aus Sieben von Blei –
Es pudert den ganzen Wald.
Es füllt mit Alabasterwolle
Die Falten der Straße an –

Macht ein einziges Glattgesicht
Aus Ebene, und Gebirg –
Unzerfurcht von Osten her
Bis wieder nach Osten die Stirn –

Es greift auch nach dem Zaun –
Verhüllt ihn Stange um Stange
Bis er vor Flocken vergeht –
Verteilt die Himmels-Spende

An Holzstoß, Stumpf – und Stamm –
An Sommers leeren Raum –
Stoppelmeilen, wo Ernte war,
Spurlos, wenn sie nicht wärn –

Wegweisern berüscht es das Handgelenk
Wie einer Königin Füße –
Und bannt dann seine – Geisterschar –
Als wär sie nie gewesen –

In Winter in my Room
I came upon a Worm –
Pink, lank and warm –
But as he was a worm
And worms presume
Not quite with him at home –
Secured him by a string
To something neighboring
And went along.

A Trifle afterward
A thing occurred
I'd not believe it if I heard
But state with creeping blood –
A snake with mottles rare
Surveyed my chamber floor
In feature as the worm before
But ringed with power –
The very string with which
I tied him – too
When he was mean and new
That string was there –

I shrank – "How fair you are"!
Propitiation's claw –
"Afraid," he hissed
"Of me"?
"No cordiality" –
He fathomed me –
Then to a Rhythm *Slim*
Secreted in his Form
As Patterns swim
Projected him.

Winters in meinem Raum
Traf ich auf einen Wurm –
Rosig, dünn und warm –
Doch er war Wurm
Einem Wurm ist nicht zu traun
Unheimlich war mir schon –
Schlang ihn mit einem Band
An einen Gegenstand
Und ging davon.

Kurz drauf geschah
Unglaubliches
Kalt überläuft es mich
Da ich es sage –
Eine Schlange seltsam marmoriert
An meiner Kammertür
Sah aus wie der Wurm zuvor
Doch beringt mit Macht –
Und jenes Band sogar
Mit dem ich – ihn umfing
Als er neu und gering
Das Band war da –

Ich schrak – ‚Wie schön du bist!'
Streckte Samtpfote hin –
‚Bange', kam es gezischt
‚Vor mir?'
‚Wo bleibt die Herzlichkeit' –
Sah lotend zu mir auf –
Und schwang sich dann
In einen Rhythmus *Schlank*
Den seine Form verbarg
Wie ein Muster verschwimmt.

That time I flew
Both eyes his way
Lest he pursue
Nor ever ceased to run
Till in a distant Town
Towns on from mine
I set me down
This was a dream.

(1670)

Ah, Teneriffe!
Retreating Mountain!
Purples of Ages – pause for *you* –
Sunset – reviews her Sapphire Regiment –
Day – drops you her Red Adieu!

Still – Clad in your Mail of ices –
Thigh of Granite – and thew – of Steel –
Heedless – alike – of pomp – or parting

Ah, Teneriffe!
I'm kneeling – still –

(666)

Diesmal lief ich davon
Den Blick auf ihm
Ob er mir nachglitt
Lief ohne Unterlaß
Bis ich in ferner Stadt
Städteweit von daheim
Mich niederließ
Es war ein Traum.

Ach, Teneriffa!
Berg der zurückweicht!
Zeiten pariern – ihren Purpur vor *dir* –
Tag – wirft dir sein Rotes Adieu zu –
Dämmerung – Truppenschau von Saphir!

Noch immer – wappnet dich Eises-Panzer –
Granitener Schenkel – und Muskel – von Stahl –
Trennung – nicht – achtend – noch Triumphe

Ach, Teneriffa!
Ich knie noch – still –

III

Exultation is the going
Of an inland soul to sea,
Past the houses – past the headlands –
Into deep Eternity –

Bred as we, among the mountains,
Can the sailor understand
The divine intoxication
Of the first league out from land?

(76)

III

Frohlocken ist der Binnenseele
Fahrt hinaus aufs Meer, vorbei
An den Häusern – Landausläufern –
In die tiefe Ewigkeit –

Berggeborene wir – ob jemals
Wohl ein Seemann dies verstand
Himmelstrunkenheit der ersten
Meile draußen frei vom Land?

On this wondrous sea
Sailing silently,
Ho! Pilot, ho!
Knowest thou the shore
Where no breakers roar –
Where the storm is o'er?

In the peaceful west
Many the sails at rest –
The anchors fast –
Thither I pilot *thee* –
Land Ho! Eternity!
Ashore at last!

(4)

The Only News I know
Is Bulletins all Day
From Immortality.

The Only Shows I see –
Tomorrow and Today –
Perchance Eternity –

The Only One I meet
Is God – The Only Street –
Existence – This traversed

If Other News there be –
Or Admirabler Show –
I'll tell it You –

(827)

Auf dieser Wundersee
Stilles Segeln,
Steuermann! He!
Kennst du den Strand
Wo keine Brecher branden –
Wo der Sturm sich legt?

Im Frieden im Westen,
Vieler Segel Rast –
Die Anker fest –
Dahin steuer ich *dich* –
Land ahoi! Ewigkeit!
Endlich das Ufer erreicht!

Die Einzige Nachricht die ich weiß
Sind Bulletins den ganzen Tag
Von der Unsterblichkeit.

Als Einzige Schau wird mir zuteil –
Morgen wie Heute –
Vielleicht die Ewigkeit –

Der Einzige den ich treffe
Ist Gott – Die Einzige Straße –
Dasein – Ist sie durchmessen

Und gibts an Nachricht Mehr –
Noch Glänzendere Schau –
Erzähl ichs Dir –

I never saw a Moor –
I never saw the Sea –
Yet know I how the Heather looks
And what a Billow be.

I never spoke with God
Nor visited in Heaven –
Yet certain am I of the spot
As if the Checks were given –

(1052)

Too few the mornings be,
Too scant the nights.
No lodging can be had
For the delights
That come to earth to stay,
But no apartment find
And ride away.

(1186)

Sah nie ein Moor –
Sah nie die See –
Weiß doch wie Heidekraut aussieht
Und wie die Welle schlägt.

Sprach nie mit Gott
Zu Besuch im Himmel nie –
Bin doch des Ortes so gewiß
Als hätt ich Garantie –

Zu knapp sind die Nächte,
Zu wenig die Morgen.
Es gibt keine Unterkunft
Für all die Freuden
Die zur Erde kommen um zu bleiben,
Und nicht Herberge finden
Und weiterreiten.

Go not too near a House of Rose –
The depredation of a Breeze
Or inundation of a Dew
Alarms its walls away –

Nor try to tie the Butterfly,
Nor climb the bars of Ecstasy,
In insecurity to lie
Is Joy's insuring quality.

(1434)

There is an arid Pleasure –
As different from Joy –
As Frost is different from Dew –
Like element – are they –

Yet one – rejoices Flowers –
And one – the Flowers abhor –
The finest Honey – curdled –
Is worthless – to the Bee –

(782)

Komm nicht zu nah dem Haus der Rose –
Verwüstung durch eine Brise
Überflutung durch einen Tau
Verscheucht seine Mauern –

Such nicht den Schmetterling zu fesseln,
Übersteig nie die Schranken der Ekstase –
Ungewiß bleiben
Ist Schutzbrief der Freude.

Es gibt ein ödes Vergnügen –
So ganz der Freude fremd –
Wie Frost von Tau verschieden –
Die doch – ein Element –

Eines – beglückt die Blüten –
Und eins – ist den Blüten verhaßt –
Der feinste Honig – wenn er stockt –
Ist wertlos – für die Biene –

Between the form of Life and Life
The difference is as big
As Liquor at the Lip between
And Liquor in the Jug
The latter – excellent to keep –
But for ecstatic need
The corkless is superior –
I know for I have tried

(1101)

A Toad, can die of Light –
Death is the Common Right
Of Toads and Men –
Of Earl and Midge
The privilege –
Why swagger, then?
The Gnat's supremacy is large as Thine –

Life – is a different Thing –
So measure Wine –
Naked of Flask – Naked of Cask –
Bare Rhine –
Which Ruby's mine?

(583)

Leben und Form von Leben
Sind so verschieden
Wie Alkohol auf Lippen
Von Alkohol in Krügen
Letzterer – hält sich bestens –
Doch was Ekstase heißt
Verrät nur der Entkorkte –
Ich habs probiert und weiß

Die Kröte – stirbt am Licht –
Tod ist gemeines Recht
Für Kröte und Mann –
Für Fürsten und Fliegen
Gleiche Privilegien –
Was brüstest Du Dich, dann?
Jede Mücke ist genauso souverän –

Leben – ist ein anderes Ding –
Mißt sich wie Wein –
Nackt aus der Flasche – Nackt aus dem Faß –
Reiner Rhein –
Welcher Rubin ist mein?

My Cocoon tightens – Colors tease –
I'm feeling for the Air –
A dim capacity for Wings
Demeans the Dress I wear –

A power of Butterfly must be –
The Aptitude to fly
Meadows of Majesty implies
And easy Sweeps of Sky –

So I must baffle at the Hint
And cipher at the Sign
And make much blunder, if at last
I take the clue divine –

(1099)

"Hope" is the thing with feathers –
That perches in the soul –
And sings the tune without the words –
And never stops – at all –

And sweetest – in the Gale – is heard –
And sore must be the storm –
That could abash the little Bird
That kept so many warm –

I've heard it in the chillest land –
And on the strangest Sea –
Yet, never, in Extremity,
It asked a crumb – of Me.

(254)

Mein Kokon strafft sich – Farbe reizt –
Nach Äther taste ich –
Dunkle Flügelfertigkeit
Macht mein Gewand mir schlecht –

Schmetterlingskraft – was mag das sein
Geschicklichkeit im Schweben
Und Weite Wiesenmajestät
Und Helle Himmelsbögen –

So muß ich Zeichen dechiffriern
Und rätseln über Winken
Viel fehlgehn, bis ich ihn versteh
Den Fingerzeig des Himmels –

‚Hoffnung' ist das Federding –
Nistet in der Seele –
Singt seine Weise wortlos –
Niemals – hält es inne –

Klingt – im Sturm – am schönsten –
So wild tobt kein Orkan –
Daß er den Vogel übertönt
Der soviel Wärme gab –

Hörte ihn noch in Eisesland –
Und auf dem fernsten Meer –
Nie nahm er, nicht im Äußersten,
Eine Krume an – von Mir.

I was the slightest in the House –
I took the smallest Room –
At night, my little Lamp, and Book –
And one Geranium –

So stationed I could catch the Mint
That never ceased to fall –
And just my Basket –
Let me think – I'm sure
That this was all –

I never spoke – unless addressed –
And then, 'twas brief and low –
I could not bear to live – aloud –
The Racket shamed me so –

And if it had not been so far –
And any one I knew
Were going – I had often thought
How noteless – I could die –

(486)

Ich war das kleinste Ding im Haus –
Ich nahm den schmalsten Raum –
Zur Nacht, mein Lämpchen, und ein Buch –
Eine Geranie noch –

Und so postiert fing ich das Gold
Das unablässig fiel –
Hielt nur den Korb –
Laßt sehn – gewiß
Weiter war nichts –

Nie sprach ich – ungefragt ein Wort –
Und sprach nur kurz und leis –
Im Lauten – leben lag mir nicht –
Krach machte mich so scheu –

Wär nur der Weg nicht gar so weit –
Und ein Bekannter nähme
Mich als Begleitung – dacht ich oft
Wie lautlos – könnt ich sterben –

Good Morning – Midnight –
I'm coming Home –
Day – got tired of Me –
How could I – of Him?

Sunshine was a sweet place –
I liked to stay –
But Morn – didn't want me – now –
So – Goodnight – Day!

I can look – can't I –
When the East is Red?
The Hills – have a way – then –
That puts the Heart – abroad –

You – are not so fair – Midnight –
I chose – Day –
But – please take a little Girl –
He turned away!

(425)

The Dust behind I strove to join
Unto the Disk before –
But Sequence ravelled out of Sound
Like Balls upon a Floor –

(992)

Guten Morgen – Mitternacht –
Ich komm jetzt Heim –
Der Tag – war Meiner müde –
Wie wär ich es von Ihm?

Sonnenlicht du süßer Ort –
Gern hätt ich Halt gemacht –
Der Morgen – wollte mich – jetzt nicht –
Drum – Tag – Gutnacht!

Ich darf doch hinsehn – oder? –
Wenn der Osten Loht?
Der Hügel – hat dann – eine Art –
Daß das Herz – aufgeht –

Mitternacht – bist nicht – so schön
Ich wählte – Tag –
Doch – bitte nimm ein kleines Ding –
Das er verjagt!

Den Staub dahinter suchte ich
An den Stern davor zu binden –
Doch die Sequenz glitt aus dem Klang
Wie Bälle auf den Boden –

Except the smaller size
No lives are round –
These – hurry to a sphere
And show and end –
The larger – slower grow
And later hang –
The Summers of Hesperides
Are long.

(1067)

A Solemn thing within the Soul
To feel itself get ripe –
And golden hang – while farther up –
The Maker's Ladders stop –
And in the Orchard far below
You hear a Being – drop –

A Wonderful – to feel the Sun
Still toiling at the Cheek
You thought was finished –
Cool of eye, and critical of Work –
He shifts the stem – a little –
To give your Core – a look –

But solemnest – to know
Your chance in Harvest moves
A little nearer – Every Sun
The Single – to some lives.

(483)

Nur in den kleineren Größen
Sind die Leben rund –
Sie – drängen zur Kugel
Prunken und enden –
Was groß wird – wächst langsam
Hängt spät am Baum –
Hesperidensommer
Sind lang.

Es stimmt die Seele Feierlich
Zu spüren wie sie reift –
Und golden hängt – indes am Hang –
Des Schöpfers Leiter hält –
Und tief im Garten unter ihr –
Hört man wie Eines – fällt –

Herrlich – die Sonne fühlen
Auf der Wange noch am Werk
Die dir bereits vollendet schien –
Kritisch, mit kühlem Blick –
Schiebt sie den Stiel – ein wenig – weg
Um deinen Kern – zu prüfen –

Doch feierlichst – zu wissen
Die dir verheißene Ernte
Rückt näher – Jede Sonne ist
Die Eine – manchen Leben.

The Soul selects her own Society –
Then – shuts the Door –
To her divine Majority –
Present no more –

Unmoved – she notes the Chariots – pausing –
At her low Gate –
Unmoved – an Emperor be kneeling
Upon her Mat –

I've known her – from an ample nation –
Choose One –
Then – close the Valves of her attention –
Like Stone –

(303)

There is a solitude of space
A solitude of sea
A solitude of death, but these
Society shall be
Compared with that profounder site
That polar privacy
A soul admitted to itself –
Finite infinity.

(1695)

Die Seele wählt ihre Gesellschaft selbst –
Dann – schließt die Tür –
Die göttliche Majorität –
Empfängt nicht mehr –

Unberührt – sieht sie Equipagen – halten –
Am niedrigen Tor –
Unberührt – einen Kaiser knieen
Im Staub davor –

Ich weiß – aus einer Nation –
Erlas sie Einen –
Schloß dann – die Muscheln ihrer Wahrnehmung –
Wie Steine –

Es gibt die Einsamkeit des Raums
Die Meereseinsamkeit
Die Einsamkeit im Tod, doch sie
Sind gesellig im Vergleich
Zu jenem abgrundtiefen Ort
Privater als der Pol
Einer Seele in Klausur mit sich –
Umgrenztes Grenzenlos.

The Brain – is wider than the Sky –
For – put them side by side –
The one the other will contain
With ease – and You – beside –

The Brain is deeper than the sea –
For – hold them – Blue to Blue –
The one the other will absorb –
As Sponges – Buckets – do –

The Brain is just the weight of God –
For – Heft them – Pound for Pound –
And they will differ – if they do –
As Syllable from Sound –

(632)

As if the Sea should part
And show a further Sea –
And that – a further – and the Three
But a presumption be –

Of Periods of Seas –
Unvisited of Shores –
Themselves the Verge of Seas to be –
Eternity – is Those –

(695)

Weiter als Himmel – ist das Hirn –
Leg sie nur – Seit an Seite –
Und dieses nimmt leicht jenen auf
Und Dich – noch obendrein –

Tiefer als Ozean ist das Hirn –
Halt sie nur – Blau an Blau –
Und wie mit Eimern – Schwämme – tun –
Saugt dieses jenen auf –

Das Hirn wiegt grad soviel wie Gott –
Heb sie nur – Pfund um Pfund –
Verschieden sind sie – wenn sie's sind –
Wie Silbe ist vom Ton –

Als ob das Meer sich teilte
Und zeigt ein weiteres Meer –
Und dies – ein weiteres – und die Drei
Nichts als Mutmaßung wären

Von lauter Meeräonen –
An die kein Ufer rührt –
Sie selbst bloß Künftiger Meere Rand –
Die erst – sind Ewigkeit –

When Bells stop ringing – Church – begins –
The Positive – of Bells –
When Cogs – stop – that's Circumference –
The Ultimate – of Wheels.

(633)

Stehn Glocken still – fängt Andacht – an –
Das Positiv – der Glocken –
Stehn – Zahnräder – greift Umfang aus –
Äußerster Kreis – der Zacken.

IV

The Love a Life can show Below
Is but a filament, I know,
Of that diviner thing
That faints upon the face of Noon –
And smites the Tinder in the Sun –
And hinders Gabriel's Wing –

'Tis this – in Music – hints and sways –
And far abroad on Summer days –
Distils uncertain pain –
'Tis this enamors in the East –
And tints the Transits in the West
With harrowing Iodine –

'Tis this – invites – appalls – endows –
Flits – glimmers – proves – dissolves –
Returns – suggests – convicts – enchants –
Then – flings in Paradise –

(673)

IV

Was Leben Hier an Liebe zeigt
Ist eine Faser nur, ich weiß,
Vom göttlicheren Ding
Das vor dem Mittagsglanz vergeht –
Das Zunder aus der Sonne schlägt –
Und Gabriels Flügel hemmt –

Das – webt und winkt – in Harmonien –
An Sommertagen draußen tief
Ahnung von Schmerzen probt –
Das liebend früh im Osten brennt –
Den Übertritt im Westen tönt
Mit flammend heißem Jod –

Etwas das – lockt – schreckt – reich macht –
Blitzt – schimmert – zwingt – zerschmilzt –
Und wieder – anspielt – hinreißt – bannt –
Und – stürzt ins Paradies –

Love can do all but raise the Dead
I doubt if even that
From such a giant were withheld
Were flesh equivalent

But love is tired and must sleep,
And hungry and must graze
And so abets the shining Fleet
Till it is out of gaze.

(1731)

This dirty – little – Heart
Is freely mine.
I won it with a Bun –
A Freckled Shrine –

But eligibly fair
To him who sees
The Visage of the Soul
And not the knees.

(1311)

Liebe kann viel, nur nicht Tote erwecken
Ich zweifle ob selbst dies
Man solchem Riesen vorenthielt
Wär nur das Fleisch entsprechend

Liebe ermüdet und braucht Schlaf,
Wird hungrig und muß weiden
Hilft so der hellen Flotte nach
Bis sie dem Blick entgleitet.

Dieses unsaubere – kleine – Herz
Ist frei und mein.
Gewann es als Trostpreis –
Gesprenkelter Schrein –

Doch wählenswert schön
Wenn einer nur sieht
Auf das Antlitz der Seele
Und nicht auf die Knie.

It was a quiet way –
He asked if I was his –
I made no answer of the Tongue
But answer of the Eyes –
And then He bore me on
Before this mortal noise
With swiftness, as of Chariots
And distance, as of Wheels.
This World did drop away
As Acres from the feet
Of one that leaneth from Balloon
Upon an Ether street.
The Gulf behind was not,
The Continents were new –
Eternity it was before
Eternity was due.
No Seasons were to us –
It was not Night nor Morn –
But Sunrise stopped upon the place
And fastened it in Dawn.

(1053)

Es war die leise Art –
Er fragte Bist du mein –
Darauf gab ich nicht mit dem Mund
Gab mit dem Blick Bescheid –
Dann trug Er mich mit sich
Aus all dem Erdenlärm
Mit Schnelle, wie von Wagen
Und wie auf Rädern, fern.
Die Welt fiel ab von unserem Fuß
Wie Ländereien fallen
Lehnt man sich aus dem Freiballon
Auf einer Ätherstraße.
Abgrund im Rücken war nicht mehr,
Die Kontinente neu –
Ewigkeit war es ehe noch
Das Ewige an der Zeit.
War keine Jahreszeit für uns –
Nicht Nacht nicht Tagesflimmer –
Der Sonnenaufgang hielt am Ort
Und schloß ihn ein in Dämmer.

Again – his voice is at the door –
I feel the old *Degree* –
I hear him ask the servant
For such an one – as me –

I take a *flower* – as I go –
My face to *justify* –
He never *saw* me – *in this life* –
I might *surprise* his eye!

I cross the Hall with *mingled* steps –
I – silent – pass the door –
I look on all this world *contains* –
Just his face – nothing more!

We talk in *careless* – and in *toss* –
A kind of *plummet* strain –
Each – sounding – shyly –
Just – how – deep –
The *other's* one – had been –

We *walk* – I leave my Dog – at home –
A *tender* – *thoughtful* Moon
Goes with us – just a little way –
And – then – we are *alone*

Alone – if *Angels* are "alone" –
First time they *try* the *sky*!
Alone – if those "veiled faces" – be –
We cannot *count* – on High!

I'd give – to live that hour – *again* –
The *purple* – *in my Vein* –
But *He* must *count the drops* – *himself* –
My price for *every stain*!

(663)

Seine Stimme wieder – an der Tür –
Ich spüre früheren *Grad* –
Höre wie er den Diener
Nach – meinesgleichen – fragt –

Nehm im Gehen – eine *Blume* mit –
Rechtfertige mein Gesicht –
Er *sah* mich nie – *im Leben* -
Sonst *stutzt* vielleicht sein Blick!

Geh durch den Flur *gemischten Schritts* –
Steh – schweigend – in der Tür –
Seh alles was die Welt *enthält* –
Nur sein Gesicht – nichts mehr!

Wir reden *sorglos* – *stürzend* –
Fast wie das *Bleilot* sinkt –
Wobei ein jeder – scheu – sondiert –
Wie – tief – genau –
Der *andere* – jeweils ging –

Wir *gehn* – ich laß den Hund – daheim –
Ein *zart* – a*chtsamer* Mond
Begleitet uns – ein kleines Stück –
Und – dann sind wir *allein* –

Allein – wie *Engel* so ‚allein' –
Die den *Himmel erstmals proben!*
Wie jene ‚Florgesichter' – *sind* –
Uns unzählbar – hoch Oben!

Ich gäb – die Stunde – zu *erneun* –
Den *Purpur* – *meiner Venen* –
Doch daß *Er* – *selbst* – *die Tropfen zählt* –
Ist *mein Preis* – für *jeden Flecken*!

Wild Nights – Wild Nights!
Were I with thee
Wild Nights should be
Our luxury!

Futile – the Winds –
To a Heart in port –
Done with the Compass –
Done with the Chart!

Rowing in Eden –
Ah, the Sea!
Might I but moor – Tonight –
In Thee!

(249)

'Tis little I – could care for Pearls –
Who own the ample sea –
Or Brooches – when the Emperor –
With Rubies – pelteth me –

Or Gold – who am the Prince of Mines –
Or Diamonds – when have I
A Diadem to fit a Dome –
Continual upon me –

(466)

Wilde Nächte – Wilde Nächte!
Wär ich bei dir
Wilde Nächte würden
Uns Elixier!

Was will – der Wind noch –
Das Herz liegt im Hafen –
Fort mit dem Kompaß –
Fort mit den Karten!

Landen in Eden –
Ach, das Meer!
Dürft ich doch ankern – Heute Nacht –
In Dir!

Wie sollte ich – nach Perlen gehn –
Der das weite Meer gehört? –
Oder Broschen – wo der Kaiser –
Mit Rubinen – mich bewirft –

Oder Gold – als Minen-Fürstin –
Diamanten – wo mir schon
Ein Domeswürdiges Diadem
Hoch auf dem Haupte thront –

Banish Air from Air –
Divide Light if you dare –
They'll meet
While Cubes in a Drop
Or Pellets of Shape
Fit
Films cannot annul
Odors return whole
Force Flame
And with a Blonde push
Over your impotence
Flits Steam.

(854)

Of all the Souls that stand create –
I have elected – One –
When Sense from Spirit – files away –
And Subterfuge – is done –
When that which is – and that which was –
Apart – intrinsic – stand –
And this brief Drama in the flesh –
Is shifted like a Sand –
When Figures show their royal Front –
And Mists – are carved away,
Behold the Atom – I preferred –
To all the lists of Clay!

(664)

Verbannt nur Luft von Luft –
Teilt Licht wenn ihrs wagt –
Sie finden zusammen
Solang Kuben in Tropfen
Oder Kügelchen
Passen
Verhüllen ist nicht tilgen
Düfte gibts die nicht verfliegen
Zwingt die Flamme
Und mit Blondem Stoß
Über eure Ohnmacht
Zischt Dampf.

Von den Seelen die geschaffen stehn –
Hab ich – Eine – erwählt –
Wenn sich der Sinn vom Geist – abfeilt –
Jede Verstellung – fällt –
Wenn was da ist – und was da war –
Für sich – stehn – und getrennt –
Wenn dies kurze Drama hier im Fleisch –
Sich wandelt – wie ein Sand –
Spieler zeigen ihre Königsstirn –
Und der Dunst – wird abgetrennt –
Seht das Atom – das ich erlas –
Aus dem Inventar von Lehm!

The face I carry with me – last –
When I go out of Time –
To take my Rank – by – in the West –
That face – will just be thine –

I'll hand it to the Angel –
That – Sir – was my Degree –
In Kingdoms – you have heard the Raised –
Refer to – possibly.

He'll take it – scan it – step aside –
Return – with such a crown
As Gabriel – never capered at –
And beg me put it on –

And then – he'll turn me round and round –
To an admiring sky –
As one that bore her Master's name –
Sufficient Royalty!

(336)

Das Gesicht das mit mir geht – zuletzt –
Beim Austritt aus der Zeit –
Von dem – westwärts – mein Rang abhängt –
Wird einfach – deines sein –

Ich reiche es dem Engel hin –
Dieser Grad – Herr – war mein Teil –
An Königtum – Erstandene
Sprachen Euch davon – vielleicht.

Er nimmt es – prüft – entfernt sich kurz –
Kehrt zurück mit einer Krone
Wie sie Gabriel – nie umjubelt hat –
Bittet mich sie anzunehmen –

Dann – wendet er mich um und um –
Unter himmlischem Applaus –
Sie trug den Namen ihres Herrn –
Solche Herrlichkeit reicht aus!

Empty my Heart, of Thee –
Its single Artery –
Begin, and leave Thee out –
Simply Extinction's Date –

Much Billow hath the Sea –
One Baltic – They –
Subtract Thyself, in play,
And not enough of me
Is left – to put away –
"Myself" meant Thee –

Erase the Root – no Tree –
Thee – then – no me –
The Heavens stripped –
Eternity's vast pocket, picked –

(587)

Leeren mein Herz, von Dir –
Seiner einzigen Ader –
Deiner Tilgung Beginn –
Datum des Untergangs –

Wellen hat viel das Meer –
Ein Atlantik – sind Sie –
Zieh Dich nur ab, im Spiel
Und nichts – des Aufhebens wert –
Bleibt dann von mir –
‚Ich' meinte Dich –

Die Wurzel reiß aus – und kein Strauch –
Dich – und dann – kein ich –
Die Himmel nackt –
Weite Tasche der Ewigkeit, leergemacht –

My Life had stood – a Loaded Gun –
In Corners – till a Day
The Owner passed – identified –
And carried Me away –

And now We roam in Sovereign Woods –
And now We hunt the Doe –
And every time I speak for Him –
The Mountains straight reply –

And do I smile, such cordial light
Upon the Valley glow –
It is as a Vesuvian face
Had let its pleasure through –

And when at Night – our good Day done –
I guard My Master's Head –
'Tis better than the Eider-Duck's
Deep Pillow – to have shared –

To foe of His – I'm deadly foe –
None stir the second time –
On whom I lay a Yellow Eye –
Or an emphatic Thumb –

Though I than He – may longer live
He longer must – than I –
For I have but the power to kill,
Without – the power to die –

(754)

Mein Leben lehnte – Schußbereit –
Im Eck – bis eines Tages
Der Eigner kam – erkannte Mich –
Und hat Mich fortgetragen –

Jetzt ziehn Wir durch den Hohen Wald –
Jetzt jagen Wir das Reh –
Wenn Ich für Ihn die Stimme heb –
Antworten Berge schnell –

Wenn Ich lächle, fließt so warmes Licht
Über die Täler hin –
Als ließe ein Vesuvgesicht
Seine Freude durch von innen –

Wenn Ich – nach gutem Tagwerk – Nachts
Meines Herren Haupt behüte –
Ists besser als wenn Wir zu zweit
Ein Daunenkissen – drückten –

Seinen Feinden – bin Ich tödlich feind –
Keiner rührt sich von neuem –
Dem Ich ein Gelbes Auge gab –
Und den Nachdruck eines Daumens –

Wenn Ich Ihn auch – überleben könnt
Überleben muß – Er Mich –
Denn Ich hab nur zu töten Macht,
Die Macht zu sterben – nicht –

If you were coming in the Fall,
I'd brush the Summer by
With half a smile, and half a spurn,
As Housewives do, a Fly.

If I could see you in a year,
I'd wind the months in balls –
And put them each in separate Drawers,
For fear the numbers fuse –

If only Centuries, delayed,
I'd count them on my Hand,
Subtracting, till my fingers dropped
Into Van Dieman's Land.

If certain, when this life was out –
That yours and mine, should be
I'd toss it yonder, like a Rind,
and take Eternity –

But, now, uncertain of the length
Of this, that is between,
It goads me, like the Goblin Bee –
That will not state – its sting.

(511)

Kämst du zu mir im Herbst,
Den Sommer fegt ich weg
Halb lächelnd, halb verächtlich,
Wie die Hausfrau – Fliegen fegt.

Säh ich dich erst in einem Jahr,
Ich rollte die Monde zu Bällen –
Legte jeden in ein eigenes Fach,
Daß sie mir nicht verschmelzen –

Säumtest du bloß – Jahrhunderte,
Ich zählte sie auf die Hand,
Subtrahierte mir die Finger ab
Bis nach Van-Diemens-Land.

Wär dir und mir – Leben gewiß,
Wenn dies Leben hier vorbei –
Ich würf es hin, wie Abfall,
Und nähm die Ewigkeit –

Doch mich, unwissend jetzt, wie lang
Dieses Dazwischen sei,
Treibts wie ein Bienenirrwisch um –
Der seinen Stich – verschweigt.

Mine – by the Right of the White Election!
Mine – by the Royal Seal!
Mine – by the Sign in the Scarlet prison –
Bars – cannot conceal!

Mine – here – in Vision – and in Veto!
Mine – by the Grave's Repeal –
Titled – Confirmed –
Delirious Charter!
Mine – long as Ages steal!

(528)

A solemn thing – it was – I said –
A woman – white – to be –
And wear – if God should count me fit –
Her blameless mystery –

A hallowed thing – to drop a life
Into the purple well –
Too plummetless – that it return –
Eternity – until –

I pondered how the bliss would look –
And would it feel as big –
When I could take it in my hand –
As hovering – seen – through fog –

And then – the size of this "small" life –
The Sages – call it small –
Swelled – like Horizons – in my vest –
And I sneered – softly – "small"!

(271)

Mein – nach dem Recht Weißer Erwählung!
Mein – nach des Königs Dekret!
Mein – nach dem Zeichen im Purpurnen Kerker –
Vom Gitter – unverdeckt!

Mein – hier – in Vision – und Versagung!
Mein – durch Grabes Edikt –
Verbrieft – Beglaubigt –
Ekstatische Charta!
Mein – solange sich Zeit fortstiehlt!

Es wär – sprach ich – ein hehres Ding –
Als Frau – in Weiß – zu gehn –
Die – wenn mich Gott für würdig nimmt –
Rein ihr Geheimnis trägt –

Ein heiliges Ding – das Leben tief
In den Purpurquell zu senken –
Zu lotlos – für die Wiederkehr –
Bis Ewigkeiten – winken –

Wie mochte wohl die Seligkeit
Sich anfühln – aus der Nähe –
War sie so groß in meiner Hand –
Wie ihr Umriß – einst – im Nebel –

Da schwoll – des ‚kleinen' Lebens Maß –
Die Weisen – nennens klein –
Wie Horizonte – mir im Hemd –
Und leis – höhnte ich – ‚klein'!

Title divine – is mine!
The Wife – without the Sign!
Acute Degree – conferred on me –
Empress of Calvary!
Royal – all but the Crown!
Betrothed – without the swoon
God sends us Women –
When you – hold – Garnet to Garnet –
Gold – to Gold –
Born – Bridalled – Shrouded –
In a Day –
Tri Victory
"My Husband" – women say –
Stroking the Melody –
Is *this* – the way?

(1072)

Himmlisches Heil – wird mir zuteil!
Weib zu heißen – ohne das Zeichen!
Schmerzhafter Rang – mir angetan –
Herrscherin von Golgatha!
Zur Königin – ohne Krone gemacht!
Verlobt – ohne die Ohnmacht
Die Gott uns Frauen schickt –
Wenn man Granat – hält – an Granat –
Gold – an Gold –
Geburt – Brautschleier – Totenhemd –
An einem Tag –
Dreifacher Sieg
Frauen sagen – ‚Mein Mann' –
Und streicheln den Klang –
Geht der Weg – *dahin*?

Rearrange a "Wife's" affection!
When they dislocate my Brain!
Amputate my freckled Bosom!
Make me bearded like a man!

Blush, my spirit, in thy Fastness –
Blush, my unacknowledged clay –
Seven years of troth have taught thee
More than Wifehood ever may!

Love that never leaped its socket –
Trust entrenched in narrow pain –
Constancy thro' fire – awarded –
Anguish – bare of anodyne!

Burden – borne so far triumphant –
None suspect me of the crown,
For I wear the "Thorns" till *Sunset* –
Then – my Diadem put on.

Big my Secret but it's *bandaged* –
It will never get away
Till the Day its Weary Keeper
Leads it through the Grave to thee.

(1737)

Eines ‚Weibes' Neigung wenden!
Wenn man mir das Hirn verrückt!
Die gefleckte Brust abschneidet!
Das Gesicht mit Mannsbart deckt!

Glüh, mein Geist, in deiner Feste –
Glüh, mein Lehmleib, nicht erkannt –
Siebenjährige Treue lehrt euch
Mehr als je ein Ehestand!

Liebe nie dem Halt entwunden –
Glaube eng in Qual verschanzt –
Stetigkeit – erprobt im Feuer –
Niemals schmerzgestillte – Angst!

Bürde – triumphal getragen –
Keiner ahnt die Krone je,
‚Dornen' trag ich bis zum *Abend* –
Dann erst – folgt mein Diadem.

Groß mein Geheimnis doch *vermummt* –
Niemals entwischt es mir
Bis es einst sein Müder Hüter
Dir durchs Grab entgegenführt.

The Pile of Years is not so high
As when you came before
But it is rising every Day
From recollection's Floor
And while by standing on my Heart
I still can reach the top
Efface the mountain with your face
And catch me ere I drop

(1507)

I cannot live with You –
It would be Life –
And Life is over there –
Behind the Shelf

The Sexton keeps the Key to –
Putting up
Our Life – His Porcelain –
Like a Cup –

Discarded of the Housewife –
Quaint – or Broke –
A newer Sevres pleases –
Old Ones crack –

I could not die – with You –
For One must wait
To shut the Other's Gaze down –
You – could not –

Der Jahrstoß türmt sich nicht so hoch
Wie einst vor deinem Kommen
Und doch wächst er mit jedem Tag
Auf der Erinnerung Boden
Wenn ich auf meinem Herzen steh
Erreich ich kaum die Spitze
Mit deinem Antlitz tilg den Berg
Und halt mich eh ich stürze

Mit Dir leben kann ich nicht –
Das wäre ja Leben –
Und Leben ist anderswo –
Hinterm Schrank da drüben

Der Totengräber hütet
Dazu den Schlüssel –
Stellt Unser Leben – Sein Geschirr –
Weg wie eine Tasse –

Von der Hausfrau abgelegt –
Unmodern – mit Sprüngen –
Lieber Sèvres nagelneu –
Altes wird brüchig –

Mit Dir sterben – könnt ich nicht –
Da heißt es warten bis
Eins des Andern Starrblick schließt –
Für Dich – wär das nichts –

And I – Could I stand by
And see You – freeze –
Without my Right of Frost –
Death's privilege?

Nor could I rise – with You –
Because Your Face
Would put out Jesus' –
That New Grace

Glow plain – and foreign
On my homesick Eye –
Except that You than He
Shone closer by –

They'd judge Us – How –
For You – served Heaven – You know,
Or sought to –
I could not –

Because You saturated Sight –
And I had no more Eyes
For sordid excellence
As Paradise

And were You lost, I would be –
Though My Name
Rang loudest
On the Heavenly fame –

And were You – saved –
And I – condemned to be
Where You were not –
That self – were Hell to Me –

Und Ich – könnt Ich dabeisein
Dich – erkalten sehn –
Ohne eigenes Recht auf Frost –
Das Todes-Privileg?

Könnt auch nicht auferstehn – mit Dir –
Denn Dein Angesicht
Löschte Jesu Antlitz aus –
Neues Gnadenlicht

Glänzte kahl – und fremd –
Meinem Blick voll Heimweh –
Es sei denn Du strahltest
Mir näher als Er –

Man würde Uns richten – Wie? –
Du – dientest dem Himmel – doch,
Oder wolltest –
Ich konnte nicht –

Weil Du die Sicht gesättigt hast –
Daß Mir kein Auge blieb
Für so schäbige Herrlichkeit
Wie Paradies

Wärst Du verlorn, wollt Ich es sein –
Wenngleich Mein Name –
Von lauter Himmelsruhm
Lautest erklänge –

Und wärst Du – erlöst –
Und Ich – verdammt zu sein
Wo Du nicht bist –
Wär dies – Hölle für Mich –

So We must meet apart –
You there – I – here –
With just the Door ajar
That Oceans are – and Prayer –
And that White Sustenance –
Despair –

(640)

Me from Myself – to banish –
Had I Art –
Impregnable my Fortress
Unto All Heart –

But since Myself – assault Me –
How have I peace
Except by subjugating
Consciousness?

And since We're mutual Monarch
How this be
Except by Abdication –
Me – of Me?

(642)

Vereint sein müssen Wir getrennt –
Du dort – Ich – hier –
Die Tür dazwischen angelehnt
Die Meer ist – und Gebet –
Und jener Weiße Nährstoff –
Trostlosigkeit –

Mich aus Mirselbst – verbannen –
Hätt ich die Kunst –
Meine Burg wär uneinnehmbar
Für Jedes Herz –

Doch da Ichselbst – Mich bestürme –
Wie kehrt je Frieden ein
Es sei denn ich unterwerfe mir
Mein Bewußtsein?

Da Eins des Anderen Herrscher ist
Wird die Sache schwer
Da hilft nur Abdankung –
Meine – von Mir?

Like Eyes that looked on Wastes –
Incredulous of Ought
But Blank – and steady Wilderness –
Diversified by Night –

Just Infinites of Nought –
As far as it could see –
So looked the face I looked upon –
So looked itself – on Me –

I offered it no Help –
Because the Cause was Mine –
The Misery a Compact
As hopeless – as divine –

Neither – would be absolved –
Neither would be a Queen
Without the Other – Therefore –
We perish – tho' We reign –

(458)

Wie das Auge das auf Öde starrt –
Und nicht glaubt daß Etwas sei
Außer Leere – steter Wüstenei –
Nur variiert durch Nacht –

Lauter Unzählige Nichts –
Soweit der Blick auch reicht –
Sah das Gesicht aus das ich sah –
So sah es selbst – auf Mich –

Ich bot ihm keinen Trost –
War ich doch selbst der Grund –
Und unser Elend war ein Pakt
So himmlisch – hoffnungslos –

Entbunden – wollte Keiner sein –
Und Keiner – wollte Thronen
Ohne den Andern – Also – gehn
Wir herrscherlich – zugrunde –

If I'm lost – now
That I was found –
Shall still my transport be –
That once – on me – those Jasper Gates
Blazed open – suddenly –

That in my awkward – gazing – face –
The Angels – softly peered –
And touched me with their fleeces,
Almost as if they cared –
I'm banished – now – you know it –
How foreign that can be –
You'll know – Sir – when the Savior's face
Turns so – away from you –

(256)

Bin ich auch – jetzt verloren
Daß man mich fand –
Bleibt stets mein Jubilieren –
Daß einmal – mir – das Jaspis-Tor
Sich flammend – aufgetan –

Daß mein blöd – staunendes – Gesicht –
Die Engel – sanft beschauten –
Mich streichelnd mit dem Federflaum,
Fast als ob sie mich mochten –
Bin jetzt verbannt – Herr – wie du weißt –
Und was das heißt an Fremde –
Weißt du – erst – wenn des Heilands Blick
Sich so – von dir abwendet –

I had not minded – Walls –
Were Universe – one Rock –
And far I heard his silver Call
The other side the Block –

I'd tunnel – till my Groove
Pushed sudden thro' to his –
Then my face take her Recompense –
The looking in his Eyes –

But 'tis a single Hair –
A filament – a law –
A Cobweb – wove in Adamant –
A Battlement – of Straw –

A limit like the Veil
Unto the Lady's face –
But every Mesh – a Citadel –
And Dragons – in the Crease –

(398)

Wände – nähmen mir nicht den Mut –
Wär die Welt – ein Felsenklotz –
Hört ich nur seinen Silberruf
Aus dem fernen Teil des Blocks –

Ich würde graben – bis mein Schacht
Plötzlich in seinen stieß –
Dann nähm mein Auge sich den Lohn –
Den Blick auf sein Gesicht –

Doch es ist nur ein Haar –
Ein Fädchen – ein Gebot –
Ein Spinnennetz – aus Diamant –
Ein Zinnenkranz – von Stroh –

Grenze die wie ein Schleier fällt
Vor das Gesicht der Dame –
Doch jede Masche – eine Burg –
Und Drachen – in den Falten –

Of Course – I prayed –
And did God Care?
He cared as much as on the Air
A Bird – had stamped her foot –
And cried "Give Me" –
My Reason – Life –
I had not had – but for Yourself –
'Twere better Charity
To leave me in the Atom's Tomb –
Merry, and Nought, and gay, and numb –
Than this smart Misery.

(376)

'Twas warm – at first – like Us –
Until there crept upon
A Chill – like frost upon a Glass –
Till all the Scene – be gone.

The Forehead copied Stone –
The Fingers grew too cold
To ache – and like a Skater's Brook –
The busy eyes – congealed –

It straightened – that was all –
It crowded Cold to Cold –
It multiplied indifference –
As Pride were all it could –

And even when with Cords –
'Twas lowered, like a Weight –
It made no Signal, nor demurred,
But dropped like Adamant.

(519)

Gewiß – hab ich gebetet –
Und hat es Gott Gerührt?
Soviel als stampfte mit dem Fuß
Ein Vogel – auf die leere Luft –
Und schrie ‚Gib mir' –
Mein Grund – Ich hatte Leben –
Ja nie gekannt – außer durch Dich –
Barmherziger wärs gewesen
Man ließ mich in der Atome Gruft –
Heiter, und Nichts, und froh, und stumpf –
Als dieses stolze Elend.

Erst – war es warm – wie Wir –
Dann kroch ein Frösteln an
Langsam – wie Frost auf Fensterglas –
Bis die ganze Szene – schwand.

Die Stirn kopierte Stein –
Die Finger wurden taub
Für Schmerz – wie einen Schlittschuhbach –
Bezog die Augen – Eis –

Es machte sich – bloß steif –
Es preßte Kalt an Kalt –
Vervielfachte Gleichgültigkeit –
Als sei nur Stolz gefragt –

Selbst als man es an Seilen –
Abließ wie eine Last –
Kam noch kein Zeichen, kein Protest,
Hin sank es wie Ballast.

And this of all my Hopes
This, is the silent end
Bountiful colored, my Morning rose
Early and sere, its end

Never Bud from a Stem
Stepped with so gay a Foot
Never a Worm so confident
Bored so brave a Root

(913)

We outgrow love, like other things
And put it in the Drawer –
Till it an Antique fashion shows –
Like Costumes Grandsires wore.

(887)

Und dies all meiner Hoffnung
Dies, das stumme Ende
Farbenpracht, meine Morgenrose
Früh verdorrt, ihr Ende

Nie sprang eine Knospe vom Stamm
So munteren Fußes
Nie bohrte siegessicherer Wurm
Sich in so herrliche Wurzel

Wir entwachsen der Liebe, wie anderen Dingen
Und legen sie in die Lade –
Bis sie altmodischen Zuschnitt zeigt –
Wie Tracht von Ahnen getragen.

V

Presentiment – is that long Shadow – on the Lawn –
Indicative that Suns go down –

The Notice to the startled Grass
That Darkness – is about to pass –

(764)

The Heart has narrow Banks
It measures like the Sea
In mighty – unremitting Bass
And Blue Monotony

Till Hurricane bisect
And as itself discerns
Its insufficient Area
The Heart convulsive learns

That Calm is but a Wall
Of unattempted Gauze
An instant's Push demolishes
A Questioning – dissolves.

(928)

V

Vorahnung: – langer Schatten – auf den Wiesen –
Kunde – daß Sonnen sinken müssen –

Die dem bestürzten Gras verrät
Das Dunkel – macht sich auf den Weg –

Das Herz hat schmale Dämme
Füllt Meeresweiten Raum
Mit mächtigem – unablässigem Baß
Monotonie aus Blau

Bis vom Orkan gespalten
Es selber jäh erkennt
Wie wenig ihm sein Platz genügt
Und unter Krämpfen lernt

Ruhe ist eine Mauer nur
Aus unberührtem Stoff
Ein rascher Stoß reißt sie entzwei
Ein Fragen – löst sie auf.

The Brain, within its Groove
Runs evenly – and true –
But let a Splinter swerve –
'Twere easier for You –

To put a Current back –
When Floods have slit the Hills –
And scooped a Turnpike for Themselves –
And trodden out the Mills –

(556)

Das Hirn, in seinen Bahnen
Rollt glatt – und recht –
Doch laß ein Spänchen rutschen –
Leichter wärs für Dich –

Die Strömung umzukehren –
Wenn Flut den Berg zerschlitzt –
Und Sich Chausseen aushöhlt –
Und die Mühlen zertritt –

One need not be a Chamber – to be Haunted –
One need not be a House –
The Brain has Corridors – surpassing
Material Place –

Far safer, of a Midnight Meeting
External Ghost
Than its interior Confronting –
That Cooler Host.

Far safer, through an Abbey gallop,
The Stones a'chase –
Than Unarmed, one's a'self encounter –
In lonesome Place –

Ourself behind ourself, concealed –
Should startle most –
Assassin hid in our Apartment
Be Horror's least.

The Body – borrows a Revolver –
He bolts the Door –
O'erlooking a superior spectre –
Or More –

(670)

Man muß kein Raum sein – um Bespukt zu werden –
Und auch kein Haus –
Im Hirn die Gänge – übersteigen
Massiven Bau –

Viel harmloser, ein äußeres Treffen
Mit mitternächtigem Geist
Als sich dem Kühleren Hausherrn Stellen –
Innen allein.

Harmloser, durch ein Spukschloß irren,
Gehetzt von Steinen –
Als Waffenlos, sich selbst begegnen –
In Einsamkeiten –

Wir selbst hinter uns selbst, versteckt –
Schrecken am meisten –
Ein Meuchler lauernd im Gemach
Der Greuel kleinster.

Der Körper – greift sich ein Gewehr –
Versperrt die Tür –
Und ahnt nicht drin ein größeres Gespenst –
Oder Mehr –

I stepped from Plank to Plank
A slow and cautious way
The Stars about my Head I felt
About my Feet the Sea.

I knew not but the next
Would be my final inch –
This gave me that precarious Gait
Some call Experience.

(875)

On my volcano grows the Grass
A meditative spot –
An acre for a Bird to choose
Would be the General thought –

How red the fire rocks below –
How insecure the sod
Did I disclose
Would populate with awe my solitude.

(1677)

Ich schritt die Planken lang
Sehr langsam, auf der Hut
Spürte die Sterne überm Kopf
Das Meer um meinen Fuß.

Ich wußte nur: der nächste Zoll
Konnte mein letzter sein –
Das gab mir den prekären Gang
Den man Erfahrung heißt.

Gras überzieht meinen Vulkan –
Beschaulich scheint der Ort –
Ein Fleck wie ihn ein Vogel mag
So dächte Jeder wohl –

Wie rot das Feuer unten zischt –
Der Rasen wie gefährdet
Verriete ichs
Belebte sich die Einsamkeit mit Schrecken.

A Pit – but Heaven over it –
And Heaven beside, and Heaven abroad,
And yet a Pit –
With Heaven over it.

To stir would be to slip –
To look would be to drop –
To dream – to sap the Prop
That holds my chances up.
Ah! Pit! With Heaven over it!

The depth is all my thought –
I dare not ask my feet –
'Twould start us where we sit
So straight you'd scarce suspect
It was a Pit – with fathoms under it –
Its Circuit just the same.
Seed – summer – tomb –
Whose Doom to whom?

(1712)

Eine Grube – doch Himmel darüber –
Himmel daneben, Himmel ringsum,
Und doch eine Grube –
Mit Himmel darüber.

Sich rühren hieße rutschen –
Schauen hieße stürzen –
Träumen – kappte die Stütze
Halterung meiner Geschicke.
Ach! Grube! Mit Himmel darüber!

Die Tiefe ist all mein Gedanke –
Wage nicht meine Füße zu fragen –
Wir schreckten auf wo wir sitzen
So wohlgesetzt – kaum einer ahnte
Die Grube – die Klaftertiefe –
Ihr Umkreis so wie immer.
Saat – Sommer – Grab –
Wer hat wen verdammt?

That after Horror – that 'twas *us* –
That passed the mouldering Pier –
Just as the Granite Crumb let go –
Our Savior, by a Hair –

A second more, had dropped too deep
For Fisherman to plumb –
The very profile of the Thought
Puts Recollection numb –

The possibility – to pass
Without a Moment's Bell –
Into Conjecture's presence –
Is like a face of Steel –
That suddenly looks into ours
With a metallic grin –
The Cordiality of Death –
Who drills his Welcome in –

(286)

It is easy to work when the soul is at play –
But when the soul is in pain –
The hearing him put his playthings up
Makes work difficult – then –

It is simple to ache in the Bone, or the Rind –
But Gimlets – among the nerve –
Mangle daintier – terribler –
Like a Panther in the Glove –

(244)

Das Grauen danach – daß *wir* soeben –
Passierten den modernden Pier –
Als das Bröcklein Granit ins Rutschen kam –
Unser Heiland, um ein Haar –

Ein Herzschlag noch, und wir wären zu tief
Für das Angellot gesunken –
Schon der Umriß des Gedankens läßt
Erinnerung verstummen –

Die Denkbarkeit – so einzugehn
Ohne Kleinsten Glockenschlag –
In die Gegenwart der Mutmaßung –
Ist wie ein Gesicht von Stahl –
Das plötzlich in das unsere starrt
Und grinst metallisch drein –
Die Herzlichkeit des Todes –
Bohrt ihr Willkommen ein –

Arbeit fällt leicht wenn die Seele spielt –
Doch zu wissen sie ist in Pein –
Zu hören sie legt ihre Spielsachen weg
Macht Arbeit schwerer – dann –

Schmerz – fällt leicht in Rinde, und Bein –
Doch Bohrer – im Nervengeflecht –
Zerfleischen zärtlicher – gräßlicher –
Als ob ein Panther im Handschuh steckt –

Crumbling is not an instant's Act
A fundamental pause
Dilapidation's processes
Are organized Decays.

'Tis first a Cobweb on the Soul
A Cuticle of Dust
A Borer in the Axis
An Elemental Rust –

Ruin is formal – Devil's work
Consecutive and slow –
Fail in an instant, no man did
Slipping – is Crash's law.

(997)

It would never be Common – more – I said –
Difference – had begun –
Many a bitterness – had been –
But that old sort – was done –

Or – if it sometime – showed – as 'twill –
Upon the Downiest – Morn –
Such bliss – had I – for all the years –
'Twould give an Easier – pain –

I'd so much joy – I told it – Red –
Upon my simple Cheek –
I felt it publish – in my Eye –
'Twas needless – any speak –

Auflösung kommt nicht im Moment
Als schneidende Zäsur
Prozesse des Zerbröckelns sind
Verheerung nach System.

Erst auf der Seele ein Gespinst
Ein Schleierchen von Ruß
Ein Bohrwurm in der Achse
Ein eingefressener Rost –

Ruin will Regeln – Teufelswerk
Langsam und konsequent –
Abrupt – zerfiel noch niemand je
Rutschen – ist Fall-Gesetz.

Gemein – sprach ich – wird es – nie mehr sein –
Ein Anderes – hat begonnen –
Viel Bitteres – war gewesen, ja –
Doch das Alte – war vergangen –

Käm es – je – wieder – und es wird –
Selbst in Flaumigster – Frühe –
Soviel Glück – gewann ich – für die Zeit –
Den Schmerz müßt es mir – Kühlen –

Soviel Lust empfand – und zeigt ich – Rot –
Auf meiner schlichten Wange –
Mein lautes Auge – rief sie aus –
Wurde wortlos – verstanden –

I walked – as wings – my body bore –
The feet – I former used –
Unnecessary – now to me –
As boots – would be – to Birds –

I put my pleasure all abroad –
I dealt a word of Gold
To every Creature – that I met –
And Dowered – all the World –

When – suddenly – my Riches shrank –
A Goblin – drank my Dew –
My Palaces – dropped tenantless –
Myself – was beggared – too –

I clutched at sounds –
I groped at shapes –
I touched the tops of Films –
I felt the Wilderness roll back
Along my Golden lines –

The Sackcloth – hangs upon the nail –
The Frock I used to wear –
But where my moment of Brocade –
My – drop – of India?

(430)

Ging – wie mit Flügeln – unterm Leib –
Was ich früher trug – an Füßen –
Ganz unnütz – war mirs auf einmal –
So wie – den Vögeln – Stiefel –

Ich trug mein Wohlsein in die Welt –
Verteilte goldenes Wort
An alle Wesen – die ich traf –
Mitgift – aus meinem Hort –

Als mir – ganz jäh – mein Reichtum schwand –
Ein Elf – trank meinen Tau –
Meine Schlösser – stürzten menschenleer –
Ich – ward zum Bettler – auch –

Ich schnappte nach Klängen –
Tappte nach Formen –
Betastete Folienhaut –
Ich fühlte die Wildnis anbranden
Meine Goldenen Zeilen hinauf –

Das Sacktuch – hängt am Nagel dort –
Der Kittel den ich trug –
Wo sind die Momente von Brokat –
Mein – Indien – auf der Zunge?

The Soul has Bandaged moments –
When too appalled to stir –
She feels some ghastly Fright come up
And stop to look at her –

Salute her – with long fingers –
Caress her freezing hair –
Sip, Goblin, from the very lips
The Lover – hovered – o'er –
Unworthy, that a thought so mean
Accost a Theme – so – fair –

The soul has moments of Escape –
When bursting all the doors –
She dances like a Bomb, abroad,
And swings upon the Hours,

As do the Bee – delirious borne –
Long Dungeoned from his Rose –
Touch Liberty – then know no more,
But Noon, and Paradise –

The Soul's retaken moments –
When, Felon led along,
With shackles on the plumed feet,
And staples, in the Song,

The Horror welcomes her, again,
These, are not brayed of Tongue –

(512)

Vermummte Momente der Seele –
Wenn sie gelähmt vor Angst –
Spürt wie ein Grauen sie beschleicht
Und hält und starrt sie an –

Grüßt – streicht mit langen Fingern
Über ihr Haar von Eis –
Saugt, Elfisch, an den Lippen die
Der Geliebte – erst – verließ –
Daß so niedrige Regung sich
An so schönem – Stoff – vergreift –

Ausbruchmomente der Seele –
Wenn sie alle Türen sprengt –
Und frei, wie eine Bombe, tanzt,
Und auf den Stunden schwingt,

Wie die Biene – in verzücktem Flug –
Lang Verbannt von ihrer Rose –
Die Freiheit fühlt – und nichts mehr weiß,
Als Mittag, und Ekstase –

Einfangmomente der Seele –
Wenn, im Armsündergang,
Mit Ketten um den Federfuß,
Und Krampen, im Gesang,

Entsetzen sie, erneut, empfängt –
Die – schreit kein Mund ins Land –

A great Hope fell
You heard no noise
The Ruin was within
Oh cunning wreck that told no tale
And let no Witness in

The mind was built for mighty Freight
For dread occasion planned
How often foundering at Sea
Ostensibly, on Land

A not admitting of the wound
Until it grew so wide
That all my Life had entered it
And there were troughs beside

A closing of the simple lid
That opened to the sun
Until the tender Carpenter
Perpetual nail it down –

(1123)

Eine große Hoffnung fiel
Ganz ohne Laut
Nach innen ging der Sturz
O schlaues und verschwiegenes Wrack
Das keine Zeugen will

Der Geist für mächtige Fracht gebaut
Für Schreckensfahrt geplant
Scheitert wie oft auf hoher See
Dem Anschein nach, am Strand

Verleugnung lang der Wunde
Bis sie sich so weit wuchs
Daß all mein Leben drin versank
Und Hohlraum blieb genug

Verschluß des schlichten Deckels
Der zur Sonne offen lag
Bis ihn der sanfte Zimmermann
Auf ewig zugenagelt –

My Portion is Defeat – today –
A paler luck than Victory –
Less Paeans – fewer Bells –
The Drums don't follow Me – with tunes –
Defeat – a somewhat slower – means –
More Arduous than Balls –

'Tis populous with Bone and stain –
And Men too straight to stoop again,
And Piles of solid Moan –
And Chips of Blank – in Boyish Eyes –
And scraps of Prayer –
And Death's surprise,
Stamped visible – in Stone –

There's somewhat prouder, over there –
The Trumpets tell it to the Air –
How different Victory
To Him who has it – and the One
Who to have had it, would have been
Contenteder – to die –

(639)

Besiegtsein ist Mein Erbteil – heut –
Ein blasseres Geschick als Sieg –
Kaum Päane – wenig Glocken –
Keine Marschmusik – die für Mich spielt –
Etwas müder – geht es sich – Besiegt –
Mühseliger als mit Kugeln –

Es starrt von Knochen und Geschmier –
Menschen zu stramm sich noch zu rührn,
Und Stapeln von Gestöhn –
Splitter des Nichts – in Augen, Jung –
Und Fetzen von Gebet –
Und Todes Überrumpelung,
Sichtbar gepreßt – in Stein –

Etwas stolzer geht es – drüben zu –
Trompeten dröhnen in die Luft –
Wie doch der Sieg verschieden
Für Den ist der ihn hat – und Den
Der ihn zu haben, liebender
Verzichtete – zu leben –

A *Wounded* Deer – leaps highest –
I've heard the Hunter tell –
'Tis but the Ecstasy of *death* –
And then the Brake is still!

The *smitten* Rock that gushes!
The *trampled* Steel that springs!
A Cheek is always redder
Just where the Hectic stings!

Mirth is the Mail of Anguish –
In which it Cautious Arm,
Lest anybody spy the blood
And "you're hurt" exclaim!

(165)

He fumbles at your Soul
As Players at the Keys
Before they drop full Music on –
He stuns you by degrees –
Prepares your brittle Nature
For the Ethereal Blow
By fainter Hammers – further heard –
Then nearer – Then so slow
Your Breath has time to straighten –
Your Brain – to bubble Cool –
Deals – One – imperial – Thunderbolt –
That scalps your naked Soul –

When Winds take Forests in their Paws –
The Universe – is still –

(315)

Am höchsten springt – ein *Wundes* Reh –
Hat der Jäger mir erzählt –
Bloße Ekstase des *Todes* –
Dann ist das Dickicht still!

Der Quell schießt aus *geschlagenem* Fels!
Gepreßt nur schnellt der Stahl!
Wange ist immer röter
In Fieberqual!

Munterkeit ist Panzer für Pein –
Vorsorgliche Wehr,
Daß ja keiner das Blut entdeckt
Und ruft ‚Du bist verletzt'!

Er tappt an deiner Seele
Wie Spieler Tasten greifen
Eh die Musik voll schwellen darf –
Betäubt dich stufenweise –
Rüstet dein brüchiges Naturell
Für den Ätherischen Streich
Durch feineres Hämmern – fern zu hörn –
Dann näher – Dann so weich
Daß sich dein Atem fassen kann –
Im Kopf perlt es dir – Kühler –
Setzt – Einen – mächtigen – Donnerschlag –
Skalpiert die nackte Seele –

Wenn Sturmpranke die Wälder schlägt –
Dann hält der Kosmos – still –

'Twas like a Maelstrom, with a notch,
That nearer, every Day,
Kept narrowing its boiling Wheel
Until the Agony

Toyed coolly with the final inch
Of your delirious Hem –
And you dropt, lost,
When something broke –
And let you from a Dream –

As if a Goblin with a Gauge –
Kept measuring the Hours –
Until you felt your Second
Weigh, helpless, in his Paws –

And not a Sinew – stirred – could help,
And sense was setting numb –
When God – remembered – and the Fiend
Let go, then, Overcome –

As if your Sentence stood – pronounced –
And you were frozen led
From Dungeon's luxury of Doubt
To Gibbets, and the Dead –

And when the film had stitched your eyes
A Creature gasped "Reprieve"!
Which Anguish was the utterest – then –
To perish, or to live?

(414)

Wie ein Mahlstrom wars, der auf dich zielt,
Und nah und näher, Täglich,
Heranrollt auf dem Siederad
Solang bis Agonie

Kühl tändelt mit dem letzten Zoll
Von deines Irrsinns Saum –
Und du, verloren, fällst,
Da bricht etwas entzwei –
Und läßt dich aus dem Traum –

Wie wenn ein Kobold dir die Zeit
Mit dem Zollstock – mißt und mißt –
Bis du, hilflos, deinen Moment
In seinen Klauen spürst –

Und jede Sehne – zuckt – umsonst,
Und taub wird jeder Sinn –
Da erinnert – Gott sich – und, Besiegt,
Läßt dich der Unhold gehn –

Wie wenn dein Spruch – verkündet wär –
Und man führt dich Eiseskalten
Aus Zweifels wohnlichem Verlies
Ins Totenland, zum Galgen –

Und die Binde hat den Blick vernäht
Da – ‚Aufschub!' keucht ein Schemen
Welches war wohl – die tiefste Qual –
Vergehen, oder leben?

It was not Death, for I stood up,
And all the Dead, lie down –
It was not Night, for all the Bells
Put out their Tongues, for Noon.

It was not Frost, for on my Flesh
I felt Siroccos – crawl –
Nor Fire – for just my Marble feet
Could keep a Chancel, cool –

And yet, it tasted, like them all,
The Figures I have seen
Set orderly, for Burial,
Reminded me, of mine –

As if my life were shaven,
And fitted to a frame,
And could not breathe without a key,
And 'twas like Midnight, some –

When everything that ticked – has stopped –
And Space stares all around –
Or Grisly frosts – first Autumn morns,
Repeal the Beating Ground –

But, most, like Chaos – Stopless – cool –
Without a Chance, or Spar –
Or even a Report of Land –
To justify – Despair.

(510)

Tod wars nicht, denn ich stand ja da,
Und wer tot ist, liegt danieder –
Nacht wars nicht, alle Glocken grad
Leckten den Mund, zu Mittag.

Es war kein Frost, über mein Fleisch
Fühlt ich Sciroccos – kriechen –
Kein Feuer – denn mein Marmorfuß
Kühlte leicht – Kirchenfliesen –

Und schmeckte, doch, nach alledem,
Was ich jemals an Leibern
Sauber, fürs Grab, gerichtet sah
Gemahnte mich – an meines –

Als ob mein Sein beschnitten wär,
Und gepreßt in einen Rahmen,
Und den Schlüssel nicht zum Atmen fänd,
Und wie Mitternächte, manche –

Wenn selbst das kleinste Ticken – stockt –
Und der Raum starrt in die Runde –
Oder Grauer Frost – in Herbstesfrüh –
Vertreibt den Puls des Grundes –

Doch mehr wie Chaos – Haltlos – kalt –
Ohne Chance, ohne Mast –
Ohne Kunde selbst vom Fernen Land –
Für Verzweiflung – ein Attest.

The first Day's Night had come –
And grateful that a thing
So terrible – had been endured –
I told my Soul to sing –

She said her Strings were snapt –
Her Bow – to Atoms blown –
And so to mend her – gave me work
Until another Morn –

And then – a Day as huge
As Yesterdays in pairs,
Unrolled its horror in my face –
Until it blocked my eyes –

My Brain – begun to laugh –
I mumbled – like a fool –
And tho' 'tis Years ago – that Day –
My Brain keeps giggling – still.

And Something's odd – within –
That Person that I was –
And this One – do not feel the same –
Could it be Madness – this?

(410)

Des ersten Tages Nacht brach an –
Und dankbar daß ein Ding
So gräßlich – überstanden war –
Bat ich die Seele: sing –

Ihre Saite, sprach sie, sprang entzwei –
In Atome – barst ihr Bogen –
Und sie zu flicken – hielt mich auf
Bis in den nächsten Morgen –

Und dann – ein Tag so riesenhaft
Wie die Gestern in Kolonnen,
Entrollt sein Grauen mir ins Gesicht –
Bis meine Augen stockten –

Da fing mein Hirn – zu lachen an –
Ich brabbelte – wie toll –
Ist auch schon Jahre her – der Tag –
Mein Hirn, es kichert – noch.

Und Etwas ist verquer – in mir –
Das Wesen das ich war –
Und Dieses – fühln sich ungleich an –
Ist das der Wahnsinn – hier?

I felt a Funeral, in my Brain,
And Mourners to and fro
Kept treading – treading – till it seemed
That Sense was breaking through –

And when they all were seated,
A Service, like a Drum –
Kept beating – beating – till I thought
My Mind was going numb –

And then I heard them lift a Box
And creak across my Soul
With those same Boots of Lead, again,
Then Space – began to toll,

As all the Heavens were a Bell,
And Being, but an Ear,
And I, and Silence, some strange Race
Wrecked, solitary, here –

And then a Plank in Reason, broke,
And I dropped down, and down –
And hit a World, at every plunge,
And Finished knowing – then –

(280)

Begräbnis spürte ich, im Hirn,
Trauernde auf und ab
Stampften – und stampften – bis es schien
Daß mir der Sinn einbrach –

Und als sie alle saßen, klang
Die Andacht Trommellaut –
Und dröhnte – dröhnte – bis mir war
Als ob mein Geist ertaubt –

Dann, hört ich, hob man einen Sarg,
Knarrt über meine Seele
Mit Bleibesohltem Tritt, und dann
Begann das All – zu gellen,

Als ob der Himmel Glocke wär,
Und Dasein, nichts als Ohr,
Und ich, und Stille, fremdes Volk
Einsam, gestrandet, hier –

Da brachen Planken, im Verstand,
Ich stürzte ab, und ab –
Stieß fallend lauter Welten an,
Und wußte Endlich – nichts –

A Weight with Needles on the pounds –
To push, and pierce, besides –
That if the Flesh resist the Heft –
The puncture – coolly tries –

That not a pore be overlooked
Of all this Compound Frame –
As manifold for Anguish –
As Species – be – for name –

(264)

I felt a Cleaving in my Mind –
As if my Brain had split –
I tried to match it – Seam by Seam –
But could not make them fit.

The thought behind, I strove to join
Unto the thought before –
But Sequence ravelled out of Sound
Like Balls – upon a Floor.

(937)

Gewicht das dich mit Nadeln stampft –
Der Stich ergänzt den Druck –
Daß wenn sich Fleisch der Wucht nicht beugt –
Punktur – kühl dafür sorgt –

Daß keine Pore sich entzieht
Im Dichtgefügten Rahmen –
So unerschöpflich reich an Qual –
Wie die Spezies – Mensch – an Namen –

Ein Klaffen fühlte ich im Geist –
Als wär mein Hirn gespalten –
Ich hielt die Teile – Saum an Saum –
Doch sie wollten nicht passen.

Nachher Gedachtes suchte ich
Mit dem Vorher zu verbinden –
Doch die Sequenz glitt aus dem Klang
Wie Bälle – auf den Boden.

I've dropped my Brain – My Soul is numb –
The Veins that used to run
Stop palsied – 'tis Paralysis
Done perfecter on stone

Vitality is Carved and cool.
My nerve in Marble lies –
A Breathing Woman
Yesterday – Endowed with Paradise.

Not dumb – I had a sort that moved –
A Sense that smote and stirred –
Instincts for Dance – a caper part –
An Aptitude for Bird –

Who wrought Carrara in me
And chiselled all my tune
Were it a Witchcraft – were it Death –
I've still a chance to strain

To Being, somewhere – Motion – Breath –
Though Centuries beyond,
And every limit a Decade –
I'll shiver, satisfied.

(1046)

Mein Hirn entfiel mir – Seele taubt –
In den Adern das Pulsieren
Erstarrt abrupt – zur Perfektion
Versteinte Paralyse

Lebenskraft ist Skulpiert und kühl.
In Marmor ruht mein Nerv –
Ein Weib und atmend
Gestern noch – und Paradiese Wert.

Nicht stumpf – Ich hatte rege Art –
Einen Sinn der sprüht und springt –
Gespür für Tanz – Kapriolenblut –
Zum Vogel das Talent –

Wer schuf dies Carrara in mir
Meißelte meinen Klang
Wärs Hexerei – und wärs der Tod –
Noch hab ich Hoffnung mich ins Sein

Zu drängen, irgend – Atem – Trieb –
Wärn sie Jahrhunderte entrückt,
Und jede Grenze ein Jahrzehnt –
Erzucken will ich, freudig.

I saw no Way – The Heavens were stitched –
I felt the Columns close –
The Earth reversed her Hemispheres –
I touched the Universe –

And back it slid – and I alone –
A Speck upon a Ball –
Went out upon Circumference –
Beyond the Dip of Bell –

(378)

After great pain, a formal feeling comes –
The Nerves sit ceremonious, like Tombs –
The stiff Heart questions was it He, that bore,
And Yesterday, or Centuries before?

The Feet, mechanical, go round –
Of Ground, or Air, or Ought –
A Wooden way
Regardless grown,
A Quartz contentment, like a stone –

This is the Hour of Lead –
Remembered, if outlived,
As Freezing persons, recollect the Snow –
First – Chill – then Stupor – then the letting go –

(341)

Kein Weg – Die Himmel warn vernäht –
Die Pfeiler fühlt ich schließen –
Erde tauschte die Hemisphärn –
Ans Universum stieß ich –

Es glitt zurück – und ich allein –
Auf der Kugel nur ein Punkt –
Trat hinaus auf die Peripherie –
Wo keine Glocke Schwingt –

Nach Qual – befällt ein förmliches Gefühl –
Die Nerven sitzen Grabgleich, steif und still –
Das Herz fragt starr: war Ichs, der dies erfuhr,
Wars Gestern, ist es Hundert Jahre her?

Die Füße gehn, mechanisch, ihre Runde –
Auf Grund, auf Luft, auf Irgendwas –
Hölzernes Gehn
Achtlos im Sein,
Ein Quartz-Genügen, gleich dem Stein –

Dies ist die Stunde Blei –
Erinnert, wenn durchlebt,
So wie Erfrierende – den Schnee erfassen –
Erst – Frösteln – Lähmung dann – dann Gehenlassen –

Before I got my eye put out
I liked as well to see –
As other Creatures, that have Eyes
And know no other way –

But were it told to me – Today –
That I might have the sky
For mine – I tell you that my Heart
Would split, for size of me –

The Meadows – mine –
The Mountains – mine –
All Forests – Stintless Stars –
As much of Noon as I could take
Between my finite eyes –

The Motions of the Dipping Birds –
The Morning's Amber Road –
For mine – to look at when I liked –
The News would strike me dead –

So safer – guess – with just my soul
Upon the Window pane –
Where other Creatures put their eyes –
Incautious – of the Sun –

(327)

Bevor man mir das Auge stach
Sah ich genau so gern –
Wie andere Wesen, Blickbegabt,
Die es nicht anders kennen –

Doch sagte man mir – Heute –
Der ganze Himmel sei
Mein eigen – ich sag euch, mein Herz
Zerspräng an meiner Kleinheit –

Die Wiesen – mein –
Die Wälder – mein –
Berge – Sterne Unbeschränkt –
Und soviel Mittag als nur Platz
In den engen Augen fände –

Der Flug der Tauchervögel –
Des Frühlichts Bernsteinpfad –
Mein eigen – schaun soviel ich will –
Die Nachricht schlüg mich tot –

Sicherer – drum – die Seele bloß
Gepreßt ans Fensterglas –
Wo andrer Wesen Blicke gehn –
Der Sonne – unbedacht –

My life closed twice before its close –
It yet remains to see
If Immortality unveil
A third event to me

So huge, so hopeless to conceive
As these that twice befell.
Parting is all we know of heaven,
And all we need of hell.

(1732)

Give little Anguish –
Lives will fret –
Give Avalanches –
And they'll slant –
Straighten – look cautious for their Breath –
But make no syllable – like Death –
Who only shows his Marble Disc –
Sublimer sort – than Speech –

(310)

Mein Sein schloß zweimal vor dem Schluß –
Nun frag ich mich und warte
Ob mir wohl die Unsterblichkeit
Ein Drittes offenbare

So riesenhaft, so hoffnungslos
Wie die zwei die mich befielen.
Trennung: was kennt man mehr an Heil,
Was braucht man mehr an Hölle.

Gib etwas Pein –
Und die Leben murren –
Gib Lawinen davon –
Und sie werden sich ducken –
Aufrichten – sorgsam nach Atem suchen –
Doch keine Silbe – still wie der Tod –
Der zeigt bloß seinen Marmor-Ring –
Erhabener – als Worte –

After a hundred years
Nobody knows the Place
Agony that enacted there
Motionless as Peace

Weeds triumphant ranged
Strangers strolled and spelled
At the lone Orthography
Of the Elder Dead

Winds of Summer Fields
Recollect the way –
Instinct picking up the Key
Dropped by memory –

(1147)

Hundert Jahre später
Kennt keiner mehr den Fleck
Agonie die hier gespielt
Wie Frieden unbewegt

Unkraut wuchernd im Triumph
Bummler buchstabierten
An einsamer Orthographie
Der Alten die Vergingen

Winde aus Sommerfeldern
Erinnern noch das Spiel –
Instinkt hebt den Schlüssel auf
Der dem Andenken entfiel –

VI

Death is a Dialogue between
The Spirit and the Dust.
"Dissolve" says Death – The Spirit "Sir
I have another Trust" –

Death doubts it – Argues from the Ground –
The Spirit turns away
Just laying off for evidence
An Overcoat of Clay.

(976)

VI

Tod ist ein Zwiegespräch geführt
Von Geist und Staub.
Tod spricht ‚Vergeh' – Der Geist sagt ‚Herr
Andres verbürgt mein Glauben' –

Tod widerspricht – und Schließt vom Grund –
Geist wendet sich zum Gehn
Und legt als einziges Zeugnis ab
Den Überwurf aus Lehm.

'Tis not that Dying hurts us so –
'Tis Living – hurts us more –
But Dying – is a different way –
A Kind behind the Door –

The Southern Custom – of the Bird –
That ere the Frosts are due –
Accepts a better Latitude –
We – are the Birds – that stay.

The Shiverers round Farmers' doors –
For whose reluctant Crumb –
We stipulate – till pitying Snows
Persuade our Feathers Home.

(335)

What Inn is this
Where for the night
Peculiar Traveller comes?
Who is the Landlord?
Where the maids?
Behold, what curious rooms!
No ruddy fires on the hearth –
No brimming Tankards flow –
Necromancer! Landlord!
Who are these below?

(115)

Nicht daß das Sterben uns so schmerzt –
Das Leben – schmerzt weit mehr –
Doch Tod – hat eine andere Art –
Eine Art hinter der Tür –

Südlicher Brauch – des Vogels –
Ehe die Fröste reifen –
Wählt er den besseren Breitengrad –
Wir – sind Vögel – die bleiben.

Zittervolk um des Bauern Tür –
Das widerwillige Krume –
Erbettelt – bis barmherziger Schnee
Unsere Federn Heim gerufen.

Was ist das für ein Gasthaus
Wo spät zur Nacht
Merkwürdiges Reisevolk einkehrt?
Wer ist hier der Wirt?
Wo sind die Mägde?
Zimmer von eigener Art!
Kein rotes Feuer wärmt den Herd –
Es schäumen keine Humpen –
Schwarzkünstler! Gastwirt!
Wer sind die da unten?

No Passenger was known to flee –
That lodged a night in memory –
That wily – subterranean Inn
Contrives that none go out again –

(1406)

Those who have been in the Grave the longest –
Those who begin Today –
Equally perish from our Practise –
Death is the other way –

Foot of the Bold did least attempt it –
It – is the White Exploit –
Once to achieve, annuls the power
Once to communicate –

(922)

Kein Reisender soweit bekannt entkam –
Der dort für eine Nacht ein Zimmer nahm –
Der pfiffige – unterirdische Wirt
Sorgt schon dafür daß keiner geht –

Die am längsten in den Gräbern liegen –
Und die erst Heut gelegt –
Entfallen unsrer Praxis –
Tod ist der andere Weg –

Die kühnsten Füße versuchten ihn seltenst –
Er ist das Weiße Meisterstück –
Das einmal vollbracht, ein für allemal
Mitteilung tilgt –

Under the Light, yet under,
Under the Grass and the Dirt,
Under the Beetle's Cellar
Under the Clover's Root,

Further than Arm could stretch
Were it Giant long,
Further than Sunshine could
Were the Day Year long,

Over the Light, yet over,
Over the Arc of the Bird –
Over the Comet's chimney –
Over the Cubit's Head,

Further than Guess can gallop
Further than Riddle ride –
Oh for a Disc to the Distance
Between Ourselves and the Dead!

(949)

The overtakelessness of those
Who have accomplished Death
Majestic is to me beyond
The majesties of Earth.

The soul her "Not at Home"
Inscribes upon the flesh –
And takes her fair aerial gait
Beyond the hope of touch.

(1691)

Unter dem Licht, noch drunter,
Unter dem Klee und Schmutz,
Unter des Käfers Keller
Unter des Grashalms Wurzel,

Weiter als Arme sich recken
Und wären sie Riesenlang,
Weiter als Sonnentage
Währten sie Jahrelang,

Über dem Licht, noch drüber,
Über des Vogels Schwung –
Über dem Schlot des Kometen –
Über der Elle Stirn,

Weiter als Rätsel reiten
Weiter als Taumel tanzt –
O für die Fährte der Ferne
Zwischen den Toten und Uns!

In ihrer Uneinholbarkeit
Sind die den Tod vollbrachten
Mir über die Erhabenheit
Der Welt erhaben.

Die Seele schreibt ihr ‚Nicht Daheim'
Scheidend aufs Fleisch –
Geht ihren lieblich luftigen Gang
Von Berührung unerreicht.

A Clock stopped –
Not the Mantel's –
Geneva's farthest skill
Can't put the puppet bowing –
That just now dangled still –

An awe came on the Trinket!
The Figures hunched, with pain –
Then quivered out of Decimals –
Into Degreeless Noon –

It will not stir for Doctors –
This Pendulum of snow –
This Shopman importunes it –
While cool – concernless No –

Nods from the Gilded pointers –
Nods from the Seconds slim –
Decades of Arrogance between
The Dial life –
And Him –

(287)

Eine Uhr stand still –
Nicht die auf dem Kamin –
Aus Genf der beste Spezialist
Setzt nicht die Drahtpuppe in Gang –
Die grad verzappelt ist –

Eine Furcht befiel den Plunder!
Die Ziffern krümmte – Pein –
Sie bebten aus dem Zwölferrund –
Zum Mittag Gradlos hin –

Es rührt sich keinem Arzt zulieb –
Dies Pendelchen aus Eis –
Der Händler drängt vergebens –
Nur kühl – gleichgültiges Nein –

Nickt von den Güldenen Zeigern –
Von den Sekunden dünn –
Arroganz von Dekaden trennt
Das Uhrblatt Sein –
Von Ihm –

I read my sentence – steadily –
Reviewed it with my eyes,
To see that I made no mistake
In its extremest clause –
The Date, and manner, of the shame –
And then the Pious Form
That "God have mercy" on the Soul
The Jury voted Him –
I made my soul familiar – with her extremity –
That at the last, it should not be a novel Agony –
But she, and Death, acquainted –
Meet tranquilly, as friends –
Salute, and pass, without a Hint –
And there, the Matter ends –

(412)

I've seen a Dying Eye
Run round and round a Room –
In search of Something – as it seemed –
Then Cloudier become –
And then – obscure with Fog –
And then – be soldered down
Without disclosing what it be
'Twere blessed to have seen –

(547)

Ich las mein Urteil – ganz gefaßt –
Und prüfte mit den Augen,
Daß ich es ja nicht mißverstand
In der extremsten Klausel –
Den Zeitpunkt, und die Art, der Schmach –
Und dann die Fromme Formel
Daß ‚Gott der Seele gnädig' sei
Nach Willen der Geschwornen –
Gewöhnte meine Seele – bald an ihr Äußerstes –
Daß ihr die eigene Agonie nicht neu ist, dann zuletzt –
Daß sie und Tod, so altbekannt –
Sich treffen, ruhig wie Freunde –
Sich grüßen, nickend, en passant –
Und so – die Sache endet –

Ich sah ein Auge um und um
Den Raum durchlaufen Sterbend –
Und Etwas suchen – wie es schien –
Und dann Umwölkter werden –
Und dann – von Nebel trüb –
Dann – sah ich es verlöten
Ohne zu sagen was zu sehn
Ihm Segen bringen könnte –

I heard a Fly buzz – when I died –
The Stillness in the Room
Was like the Stillness in the Air
Between the Heaves of Storm –

The Eyes around – had wrung them dry –
And Breaths were gathering firm
For that last Onset – when the King
Be witnessed – in the Room –

I willed my Keepsakes – Signed away
What portion of me be
Assignable – and then it was
There interposed a Fly –

With Blue – uncertain stumbling Buzz –
Between the light – and me –
And then the Windows failed – and then
I could not see to see –

(465)

I breathed enough to take the Trick –
And now – removed from Air –
I simulate the Breath, so well –
That One, to be quite sure –

The Lungs are stirless – must descend
Among the Cunning Cells –
And touch the Pantomime – Himself,
How numb, the Bellows feels!

(272)

Eine Fliege summte – als ich starb –
Im Raum die Stille schwoll
So wie die Stille in der Luft –
Wenn ein Sturm Atem holt –

Die Augen rings – schon ausgepreßt –
Der Puls harrte gefaßt
Des letzten Akts – da Er im Raum
Sich Fürstlich – offenbart –

Andenken hatte ich – vermacht
Und von mir überschrieben
Was übertragbar war – da schob
Die Fliege sich dazwischen –

Mit Blauem – taumelndem Gebrumm –
Zwischen das Licht – und mich –
Die Fenster schwanden mir – und dann
Verlor mein Sehn die Sicht –

Einst atmend lernte ich den Trick –
Kann darum jetzt – der Luft entwöhnt –
So gut – das Atmen simuliern –
Daß Einer, will er sicher gehn –

Die Lungen liegen unbewegt –
Hinab muß in das Zellgeweb –
Daß er die Puppe – Selbst berührt,
Und so des Blasbalgs – Starre spürt!

To make One's Toilette – after Death
Has made the Toilette cool
Of only Taste we cared to please
Is difficult, and still –

That's easier – than Braid the Hair –
And make the Bodice gay –
When eyes that fondled it are wrenched
By Decalogues – away –

(485)

Death is the supple Suitor
That wins at last –
It is a stealthy Wooing
Conducted first
By pallid innuendoes
And dim approach
But brave at last with Bugles
And a bisected Coach
It bears away in triumph
To Troth unknown
And Kindred as responsive
As Porcelain.

(1445)

Toilette machen – nachdem Tod
Die Toilette kühl gemacht
Für den Geschmack den man umwarb –
Ein schweres Amt, und doch –

Leichter – als Haare Flechten –
Als das Mieder bunt besteckt –
Und die Augen es zu streicheln
Rissen Zehn Gebote – weg –

Tod ist ein wendiger Freier
Gewinnt zu guter Letzt –
Sein Werben ist verstohlen
Zunächst betreibt er es
Mit blassen Suggestionen
Und matter Liebelei
Trumpft zuletzt auf mit Trompeten
Einer Kutsche zweigeteilt
Die triumphal davonträgt
Zur Treue unbekannt
Und zur Sippe so empfänglich
Wie Porzellan.

Dropped into the Ether Acre –
Wearing the Sod Gown –
Bonnet of Everlasting Laces –
Brooch – frozen on –

Horses of Blonde – and Coach of Silver –
Baggage a strapped Pearl –
Journey of Down – and Whip of Diamond –
Riding to meet the Earl –

(665)

Versenkt in den Äther-Acker
Gehüllt in die Rasen-Robe –
Haube aus Unvergänglicher Spitze –
Brosche – angefroren –

Blond die Pferde – die Kutsche von Silber –
Gepäck eine Perle, aufgeschnallt –
Daunenreise – Diamantene Peitsche –
So geht dem Grafen entgegen die Fahrt –

Because I could not stop for Death –
He kindly stopped for me –
The Carriage held but just Ourselves –
And Immortality.

We slowly drove – He knew no haste
And I had put away
My labor and my leisure too,
For His Civility –

We passed the School, where Children strove
At Recess – in the Ring –
We passed the Fields of Gazing Grain –
We passed the Setting Sun –

Or rather – He passed Us –
The Dews drew quivering and chill –
For only Gossamer, my Gown –
My Tippet – only Tulle –

We paused before a House that seemed
A Swelling of the Ground –
The Roof was scarcely visible –
The Cornice – in the Ground –

Since then – 'tis Centuries – and yet
Feels shorter than the Day
I first surmised the Horses' Heads
Were toward Eternity –

(712)

Für den Tod anhalten konnt ich nicht –
So hielt Er und war so frei –
Die Kutsche trug Uns beide nur –
Samt der Unsterblichkeit.

Es ging langsam – Er war nicht pressiert
Ich hatte abgestreift
Mein Mühen und mein Müßigsein,
Vor Seiner Höflichkeit –

Vorbei am Schulhof, Pause wars
Kinder Rangelten – im Rund –
Am Korn das – uns anstarrend – Stand –
An der Sonne selbst, die Sank –

Vielmehr – Sie zog an Uns vorbei –
Tau troff schauernd und kühl –
Ein Gazestoff nur, mein Gewand –
Mein Überwurf – nur Tüll –

Das Haus vor dem wir hielten schien
Eine Wölbung aus dem Grund –
Kaum zu erkennen war das Dach –
Der Sims – verging im Grund –

Jahrhunderte ists her – doch die
Scheinen kürzer als die Zeit
Da ich erstmals ahnte, mein Gespann
Hielt Kurs auf Ewigkeit –

Our journey had advanced –
Our feet were almost come
To that odd Fork in Being's Road –
Eternity – by Term –

Our pace took sudden awe –
Our feet – reluctant – led –
Before – were Cities – but Between –
The Forest of the Dead –

Retreat – was out of Hope –
Behind – a Sealed Route –
Eternity's White Flag – Before –
And God – at every Gate –

(615)

I died for Beauty – but was scarce
Adjusted in the Tomb
When One who died for Truth, was lain
In an adjoining Room –

He questioned softly "Why I failed"?
"For Beauty", I replied –
"And I – for Truth – Themselves are One –
We Brethren, are", He said –

And so, as Kinsmen, met a Night –
We talked between the Rooms –
Until the Moss had reached our lips –
And covered up – our names –

(449)

Unsre Reise war schon weit voran –
Unser Fuß erreichte gleich
Jene Gabelung am Weg des Seins –
Mit Namen – Ewigkeit –

Unser Schritt wurde auf einmal scheu –
Unser Fuß – zögerte – bang –
Vor uns – die Städte – doch Davor –
Lag noch der Totenwald –

Rückzug – war Hoffnungslos –
Hinten – der Weg Versperrt –
Vorn – Fahnenweiß der Ewigkeit –
Und Gott – an jedem Tor –

Ich starb um Schönheit – und war kaum
Recht eingelegt ins Grab
Als einer der um Wahrheit starb
Den Nebenraum bezog –

Er fragte leis ‚Den Todesgrund'
‚Schönheit' gab ich Bescheid –
‚Um Wahrheit – ich – Beide sind Eins –
Geschwister sind – wir zwei' –

Wie Brüderrede, abendlich –
Gings zwischen unseren Räumen –
Bis das Moos uns an die Lippen stieg –
Und deckte – unsere Namen –

'Twas just this time, last year, I died.
I know I heard the Corn,
When I was carried by the Farms –
It had the Tassels on –

I thought how yellow it would look –
When Richard went to mill –
And then, I wanted to get out,
But something held my will.

I thought just how Red – Apples wedged
The Stubble's joints between –
And the Carts stooping round the fields
To take the Pumpkins in –

I wondered which would miss me, least,
And when Thanksgiving, came,
If Father'd multiply the plates –
To make an even Sum –

And would it blur the Christmas glee
My Stocking hang too high
For any Santa Claus to reach
The Altitude of me –

But this sort, grieved myself,
And so, I thought the other way,
How just this time, some perfect year –
Themself, should come to me –

(445)

Letztes Jahr starb ich, um diese Zeit.
Ich weiß ich hörte noch das Korn,
Als man mich trug die Scheunen lang –
Es hatte seine Quasten an –

Ich dachte mir wie gelb es glänzt –
Bald bringt Richard es zur Mühle –
Und dann – wollte ich gleich hinaus,
Doch etwas hielt den Willen.

Ich dachte mir wie Rot – verkeilt
In den Stoppeln Äpfel liegen –
Bei der Kürbisernte rings im Feld
Wie sich die Karren bücken –

Wem fehlte ich – am wenigsten?
Und dann, beim Erntedank,
Nahm Vater einen Teller mehr –
Für die volle Zahl?

Und trübte wohl den Weihnachtsspaß
Mein Strumpf so hoch gehängt
Daß ihn kein Weihnachtsmann erreicht
So Erhöht ist jetzt mein Stand –

Solche Gedanken – grämten mich,
Drum wollt ich anders denken,
Wie um diese Zeit, eines schönen Jahrs –
Sie selber – zu mir kämen –

How many times these low feet staggered –
Only the soldered mouth can tell –
Try – can you stir the awful rivet –
Try – can you lift the hasps of steel!

Stroke the cool forehead – hot so often –
Lift – if you care – the listless hair –
Handle the adamantine fingers
Never a thimble – more – shall wear –

Buzz the dull flies – on the chamber window –
Brave – shines the sun through the freckled pane –
Fearless – the cobwebs swing from the ceiling –
Indolent Housewife – in Daisies – lain!

(187)

The Bustle in a House
The Morning after Death
Is solemnest of industries
Enacted upon Earth –

The Sweeping up the Heart
And putting Love away
We shall not want to use again
Until Eternity.

(1078)

Wie oft diese armen Füße wankten –
Weiß die verlötete Lippe allein –
Versuchs – die schrecklichen Nieten zu sprengen –
Versuchs – die Stahlspangen aufzuzwingen!

Streich über die kühle Stirn – oft so heiß –
Heb – wenn du magst – das gleichgültige Haar –
Befühl die Finger so hart wie Eisen –
Legen den Fingerhut – nie mehr – an –

Dumpf summen Fliegen – am Kammerfenster –
Dreist – scheint die Sonne durch fleckiges Glas –
Furchtlos – schwingt Spinngeweb von der Decke –
Träge Hausfrau – liegt drunten – im Gras!

Es Tut sich was im Hause
Am Tag nach einem Tod
Der feierlichste Hausputz
Auf Erden findet statt –

Das Herz wird Ausgekehrt
Und Liebe Fortgeräumt
Die wir nicht mehr benützen
Bis zur Ewigkeit.

A Dying Tiger – moaned for Drink –
I hunted all the Sand –
I caught the Dripping of a Rock
And bore it in my Hand –

His Mighty Balls – in death were thick –
But searching – I could see
A Vision on the Retina
Of Water – and of me –

'Twas not my blame – who sped too slow –
'Twas not his blame – who died
While I was reaching him –
But 'twas – the fact that He was dead –

(566)

He scanned it – staggered –
Dropped the Loop
To Past or Period –
Caught helpless at a sense as if
His Mind were going blind –

Groped up, to see if God was there –
Groped backward at Himself
Caressed a Trigger absently
And wandered out of Life.

(1062)

Ein Tiger Sterbend – stöhnt nach Trank –
Ich jagte durch den Sand –
Fing das Tröpfeln auf von einem Fels –
Und trugs in meiner Hand –

Seine Mächtigen Bälle – todestrüb –
Doch suchend – ich sah drin
Auf seiner Netzhaut die Vision –
Von Wasser – und von mir –

Meine Schuld nicht – der zu spät kam –
Seine Schuld nicht – der da starb
Als ich ihm grad die Hände bot –
Nur eben – Er war tot –

Er prüft sie kritisch – taumelt –
Und läßt die Schlinge sinken
Ins Vorher, ins Vorbei –
Hilflos verstrickt in einen Sinn
Als ob sein Geist erblinde –

Tastet aufwärts, ob da Gott sei –
Tastet rückwärts nach sich Selbst
Streichelt den Abzug wie zerstreut
Und wandert aus dem Sein.

Two swimmers wrestled on the spar –
Until the morning sun –
When One – turned smiling to the land –
Oh God! the Other One!

The stray ships – passing –
Spied a face –
Upon the waters borne –
With eyes in death – still begging raised –
And hands – beseeching – thrown!

(201)

It tossed – and tossed –
A little Brig I knew – o'ertook by Blast –
It spun – and spun –
And groped delirious, for Morn –

It slipped – and slipped –
As One that drunken – stept –
Its white foot tripped –
Then dropped from sight –

Ah, Brig – Good Night
To Crew and You –
The Ocean's Heart too smooth – too Blue –
To break for You –

(723)

Zwei Schwimmer auf der Spiere ringend –
Bis zum Morgenrot –
Da wandte der Eine – sich lächelnd zum Land –
Doch der Andere! o Gott!

Vereinzelte Schiffe – kamen vorbei –
Erspähten ein Gesicht –
Auf den Wassern treibend –
Augen im Tod noch – zum Himmel gerichtet –
Hände – flehend – gebreitet!

Sie rollt – und rollt –
Kleine Brigg – die die Bö anfällt –
Dreht sich – und dreht –
Tastet taumelnd, nach Morgenrot –

Schlingert – und schlingert –
Wie Eines Trunkenen – Tritt
Ihr weißer Fuß schlittert –
Sinkt außer Sicht –

Ach, Brigg – Gute Nacht
Matrosen und Schiff –
Ozeans Herz ist zu Blau – zu glatt –
Bricht nicht um Dich –

Drowning is not so pitiful
As the attempt to rise.
Three times, 'tis said, a sinking man
Comes up to face the skies,
And then declines forever
To that abhorred abode,
Where hope and he part company –
For he is grasped of God.
The Maker's cordial visage,
However good to see,
Is shunned, we must admit it,
Like an adversity.

(1718)

The waters chased him as he fled,
Not daring look behind –
A billow whispered in his Ear,
"Come home with me, my friend –
My parlor is of shriven glass,
My pantry has a fish
For every palate in the Year" –
To this revolting bliss
The object floating at his side
Made no distinct reply.

(1749)

Ertrinken selbst ist nicht so schlimm
Wie der Drang noch aufzutauchen.
Es muß, sagt man, der Sinkende
Dreimal den Himmel schauen,
Neigt sich erst dann für immer
Zur verhaßten Wohnstatt heim,
Wo Hoffnung ihm den Rücken kehrt –
Weil Gott ihn an sich reißt.
Des Schöpfers holdes Angesicht,
So tröstlich sonst, wird leider
In diesem Fall ungern gesehn,
Wie eine Widrigkeit.

Die Wasser jagten ihn, er floh,
Wagte keinen Blick zurück –
‚Komm heim zu mir, mein Freund' sang ihm
Eine Welle leis ins Ohr –
‚Meine Stube ist aus feinstem Glas,
Meine Küche bietet Fisch
Für jeden Gaumen, durch das Jahr' –
Doch was an ihrer Seite trieb
Gab auf so üble Seligkeit
Nur undeutlich Bescheid.

Water makes many Beds
For those averse to sleep –
Its awful chamber open stands –
Its Curtains blandly sweep –
Abhorrent is the Rest
In undulating Rooms
Whose Amplitude no end invades –
Whose Axis never comes.

(1428)

Fortitude incarnate
Here is laid away
In the swift Partitions
Of the awful Sea –

Babble of the Happy
Cavil of the Bold
Hoary the Fruition
But the Sea is old

Edifice of Ocean
Thy tumultuous Rooms
Suit me at a venture
Better than the Tombs

(1217)

Wasser bereitet manch ein Bett
Für die gar nicht Schlafbereiten –
Seine Schreckenskammern stehen weit –
Vorhänge wogen schmeichelnd –
Doch zu abscheulich ist die Rast
In den gewellten Räumen
Deren Ausmaß nie an Grenzen stößt –
Deren Achsen niemals kommen.

Eingefleischte Tapferkeit
Wird hier abgelegt
In den flinken Verschlägen
Der furchtbaren See –

Geplapper der Glücklichen
Gekrittel der Kühnen
Eisgrau die Erfüllung
Alt ist die Dünung

Du Bauwerk des Ozeans
Deiner Kammern Tumult
Bettet mich wenn es sein muß
Besser als die Gruft

Ample make this Bed –
Make this Bed with Awe –
In it wait till Judgment break
Excellent and Fair.

Be its Mattress straight –
Be its Pillow round –
Let no Sunrise' yellow noise
Interrupt this Ground –

(829)

Safe in their Alabaster Chambers –
Untouched by Morning
And untouched by Noon –
Sleep the meek members of the Resurrection –
Rafter of satin,
And Roof of stone.

Light laughs the breeze
In her Castle above them –
Babbles the Bee in a stolid Ear,
Pipe the Sweet Birds in ignorant cadence –
Ah, what sagacity perished here!

(216; version of 1859)

Geräumig mach dies Bett –
Mach es mit Heiliger Scheu –
Lieg drin bis das Gericht anbricht
Makellos und Schön.

Es sei das Lager grad –
Es sei das Kissen rund –
Daß keiner Sonne gelber Lärm
Einbricht in diesen Grund –

Verwahrt in ihren Alabaster-Kammern –
Wo Frühe nicht hinrührt
Und Mittag nicht scheint –
Ruhn fromm die Mitglieder der Auferstehung –
Sparren von Atlas,
Und Dach von Stein.

Hell lacht der Wind
Auf der Zinne droben –
Plappert die Biene ins dumpfe Ohr,
Zwitschern Vögel unwissend in Süßer Kadenz –
Ach, wieviel Scharfsinn scheiterte hier!

(Fassung von 1859)

Safe in their Alabaster Chambers –
Untouched by Morning –
And untouched by Noon –
Lie the meek members of the Resurrection –
Rafter of Satin – and Roof of Stone!

Grand go the Years – in the Crescent – above them –
Worlds scoop their Arcs –
And Firmaments – row –
Diadems – drop – and Doges – surrender –
Soundless as dots – on a Disc of Snow –

(216; version of 1861)

Is *this frostier?*

Springs – shake the sills
But – the Echoes – stiffen
Hoar – is the window – and numb – the Door.
Tribes – of Eclipse – in Tents of marble –
Staples of Ages – have buckled there

Springs – shake the Seals –
But the silence – stiffens –
Frosts unhook – in the Northern Zones –
Icicles – crawl from Polar Caverns –
Midnight in Marble – Refutes – the Suns –

Verwahrt in ihren Alabaster-Kammern –
Wo Frühe nicht hinrührt –
Und Mittag nicht scheint –
Ruhn fromm die Mitglieder der Auferstehung –
Sparren von Atlas – und Dach von Stein!

Groß gehn die Jahre – im Halbrund – droben –
Bahnen Welten sich Bögen –
Firmamente – verwehn –
Falln – Diademe – ergeben sich – Dogen –
Lautlos wie Flocken – auf Sphären von Schnee –

(Fassung von 1861)

[aus einem Brief von E. D.] Klingt es *so frostiger?*

Frühling – rüttelt die Schwellen –
Doch – die Echos – erstarren –
Reifgrau – das Fenster – und klamm – die Tür.
Ekliptische – Sippen – in Marmornen Zelten –
Stapel der Zeiten – zerbröckelten hier

[Weitere Variante:]

Frühling – rüttelt die Siegel –
Doch die Stille – versteift sich –
Frost hakt sich los – in Nördlichen Zonen –
Eisgezapf – kriecht aus Polaren Kavernen –
Marmorne Mitternacht – Leugnet – die Sonnen –

The Work of Her that went,
The Toil of Fellows done –
In Ovens green our Mother bakes,
By Fires of the Sun.

(1143)

Let down the Bars, Oh Death –
The tired Flocks come in
Whose bleating ceases to repeat
Whose wandering is done –

Thine is the stillest night
Thine the securest Fold
Too near Thou art for seeking Thee
Too tender, to be told.

(1065)

Das Werk der hingegangenen Frau,
Männermühsal lang bestanden –
Bäckt unsere Mutter in grünen Öfen,
Auf Sonnenflammen.

Tu das Gatter auf, O Tod –
Müd kehrt die Herde heim
Ihr Blöken tönt nicht länger fort –
Ihr Wandern langte an –

Dein ist die stillste Nacht,
Der beste Pferch ist Dein
Zu nah bist Du um noch gesucht
Zu zart, genannt zu sein.

VII

"Faith" is a fine invention
When Gentlemen can *see* –
But *Microscopes* are prudent
In an Emergency.

(185)

Immortal is an ample word
When what we need is by
But when it leaves us for a time
'Tis a necessity.

Of Heaven above the firmest proof
We fundamental know
Except for its marauding Hand
It had been Heaven below.

(1205)

VII

Der ‚Glaube‘: feine Erfindung
Solang man *sehen* kann –
Doch Vorsicht greift zum *Mikroskop*
Wenn Not am Mann.

Unsterblich ist ein weites Wort
Ist was uns nottut nah
Verläßt es uns für eine Zeit
Dann unverzichtbar.

Für den Himmel oben den besten Beweis
Lernten wir gründlich kennen
Wäre nicht seine verheerende Hand
Wir hätten Himmel hier unten.

To mend each tattered Faith
There is a needle fair
Though no appearance indicate –
'Tis threaded in the Air –

And though it do not wear
As if it never Tore
'Tis very comfortable indeed
And spacious as before –

(1442)

Is Heaven a Physician?
They say that He can heal –
But Medicine Posthumous
Is unavailable –
Is Heaven an Exchequer?
They speak of what we owe –
But that negotiation
I'm not a Party to –

(1270)

Den Riß in jedem Glauben näht
Eine hübsche Nadel
Und kein Augenschein verrät –
Luft ist ihr Faden –

Er trägt sich zwar jetzt nicht mehr ganz
Wie Unzerreißbar
Sitzt aber nach wie vor bequem
Und in alter Weite –

Ist der Himmel Doktor?
Es heißt Er könne heilen –
Doch Medizin Posthum gereicht
Bewirkt nur wenig, leider –
Ist der Himmel Kassierer?
Wir sind verschuldet heißt es –
Doch an dieser Transaktion
Bin ich nicht beteiligt –

Of God we ask one favor,
That we may be forgiven –
For what, he is presumed to know –
The Crime, from us, is hidden –
Immured the whole of Life
Within a magic Prison
We reprimand the Happiness
That too competes with Heaven.

(1601)

How brittle are the Piers
On which our Faith doth tread –
No Bridge below doth totter so –
Yet none hath such a Crowd.

It is as old as God –
Indeed – 'twas built by him –
He sent his Son to test the Plank,
And he pronounced it firm.

(1433)

How ruthless are the gentle –
How cruel are the kind –
God broke his contract to his Lamb
To qualify the Wind –

(1439)

Um eine Gunst beknien wir Gott,
Daß uns vergeben werde –
Wofür, so heißt es, weiß er schon –
Uns – bleibt die Schuld verborgen –
In ein Gefängnis aus Magie
Ein Leben lang gesperrt
Verwarnen wir das Glück: es macht
Dem Himmel Konkurrenz.

Wie brüchig sind die Stützen
Über die der Glauben geht –
Keine Brücke schwankt so unterm Gang –
Keine ist so belebt.

Sie ist so alt wie Gott –
Ja – er hat sie konstruiert –
Hieß den Sohn über die Planken gehn,
Hat sie für fest erklärt.

Wie grausam sind die Freundlichen –
Wie rücksichtslos die Sanften –
Gott brach den Pakt mit seinem Lamm
Dem Wind zu Gefallen –

Those – dying then,
Knew where they went –
They went to God's Right Hand –
That Hand is amputated now
And God cannot be found –

The abdication of Belief
Makes the Behavior small –
Better an ignis fatuus
Than no illume at all –

(1551)

I know that He exists.
Somewhere – in Silence –
He has hid his rare life
From our gross eyes.

'Tis an instant's play.
'Tis a fond Ambush –
Just to make Bliss
Earn her own surprise!

But – should the play
Prove piercing earnest –
Should the glee – glaze –
In Death's – stiff – stare –

Would not the fun
Look too expensive!
Would not the jest –
Have crawled too far!

(338)

Die – damals starben,
Wußten wohin es ging –
Es ging zu Gottes Rechter Hand –
Die Hand ist amputiert
Der Wohnsitz Gottes unbekannt –

Die Abdankung des Glaubens macht
Daß man Bescheiden wird –
Besser ein ignis fatuus
Als unilluminiert –

Ich weiß Er existiert.
Irgendwo – im Schweigen –
Hält Er sein rares Sein versteckt
Vor unseren groben Augen.

Spiel eines Augenblicks.
Zärtlicher Hinterhalt –
Daß die eigene Überraschung
Seligkeit sich erst verdient!

Doch wie – würde das Spiel
Schneidender Ernst –
Müßte Frohsinn – erfrieren –
In Todes – steifem – Starrblick –

Sähe dann der Scherz
Nicht zu kostspielig aus!
Wäre dann nicht der Spaß –
Doch zu weit gekrochen!

This World is not Conclusion.
A Species stands beyond –
Invisible, as Music –
But positive, as Sound –
It beckons, and it baffles –
Philosophy – don't know –
And through a Riddle, at the last –
Sagacity, must go –
To guess it, puzzles scholars –
To gain it, Men have borne
Contempt of Generations
And Crucifixion, shown –
Faith slips – and laughs, and rallies –
Blushes, if any see –
Plucks at a twig of Evidence –
And asks a Vane, the way –
Much Gesture, from the Pulpit –
Strong Hallelujahs roll –
Narcotics cannot still the Tooth
That nibbles at the soul –

(501)

Diese Welt ist nicht der Schluß.
Jenseits steht Etwas an –
Unsichtbar, wie Musik –
Doch so bestimmt, wie Klang –
Es nickt uns zu, und narrt uns –
Der Scharfsinn – weiß nicht wie –
Und durch ein Rätselsieb, zuletzt –
Zwingts – die Philosophie –
Es raten, bricht Gelehrtenhirn –
Es greifen, dafür trug
Mancher ein Menschenalter Schmach –
Zeigt – blutige Stigmata –
Glauben rutscht aus – lacht, faßt sich –
Wird rot, wenns einer sieht –
Schnappt nach dem Zweiglein Augenschein –
Fragt Wetterfahnen – nach dem Weg –
Wild fuchtelts – von der Kanzel –
Braust Hallelujahsturm –
Den Zahn der an der Seele nagt
Stillt kein Narkotikum –

I never lost as much but twice,
And that was in the sod.
Twice have I stood a beggar
Before the door of God!

Angels – twice descending
Reimbursed my store –
Burglar! Banker – Father!
I am poor once more!

(49)

At least – to pray – is left – is left –
Oh Jesus – in the Air –
I know not which thy chamber is –
I'm knocking – everywhere –

Thou settest Earthquake in the South –
And Maelstrom, in the Sea –
Say, Jesus Christ of Nazareth –
Hast thou no Arm for Me?

(502)

Erst zweimal, an den Rasen,
Hab ich soviel verlorn.
Stand zweimal als Bettler
Vor Gottes Tor!

Zweimal – ersetzten Engel
Mir mein Kapital –
Brigant! Bankier – und Vater!
Ich bin wieder arm!

Wenigstens – Beten – Beten – bleibt –
Jesus – im Himmel hell –
Ich weiß nicht wo dein Zimmer liegt –
Drum klopf ich – überall –

Du schickst den Erdstoß südlich –
Den Mahlstrom, meerestief –
Sag, Jesus Christ von Nazareth –
Hast du keinen Arm für Mich?

I shall know why – when Time is over –
And I have ceased to wonder why –
Christ will explain each separate anguish
In the fair schoolroom of the sky –

He will tell me what "Peter" promised –
And I – for wonder at his woe –
I shall forget the drop of Anguish
That scalds me now – that scalds me now!

(193)

One Crucifixion is recorded – only –
How many be
Is not affirmed of Mathematics –
Or History –

One Calvary – exhibited to Stranger –
As many be
As persons – or Peninsulas –
Gethsemane –

Is but a Province – in the Being's Centre –
Judea –
For Journey – or Crusade's Achieving –
Too near –

Our Lord – indeed – made Compound Witness –
And yet –
There's newer – nearer Crucifixion
Than That –

(553)

Am Ende der Zeit – werd ich wissen warum –
Wenn mir längst schon die Fragen vergingen –
Christus wird jede Qual mir erklärn
Im schönen Schulraum des Himmels –

Er sagt mir was ‚Petrus' verheißen –
Da ich – staunend sein Leiden bedenk –
Werd ich den Tropfen Qual vergessen
Der mich jetzt sengt – der mich jetzt sengt!

Bezeugt ist eine Kreuzigung – nur sie –
Wieviele sonst
Ermittelt nicht Geschichte –
Noch Rechenkunst –

Zu besichtigen – ein Kalvarienberg –
Doch sie sind ungezählt
Wie Menschen – oder Archipele –
Gethsemane –

Nur eine Provinz – Mitten im Sein –
Judäa –
Für Große Fahrt – oder Kreuzzugs Aufwand –
Zu nah –

Unser Herr – zwar – gab Vielfaches Zeugnis –
Allein –
Neuere – nähere Kreuzigung gibt es
Als Seine –

There comes an hour when begging stops,
When the long interceding lips
Perceive their prayer is vain.
"Thou shalt not" is a kinder sword
Than from a disappointing God
"Disciple, call again."

(1751)

Victory comes late –
And is held low to freezing lips –
Too rapt with frost
To take it –
How sweet it would have tasted –
Just a Drop –
Was God so economical?
His Table's spread too high for Us –
Unless We dine on tiptoe –
Crumbs – fit such little mouths –
Cherries – suit Robins –
The Eagle's Golden Breakfast strangles – Them –
God keep His Oath to Sparrows –
Who of little Love – know how to starve –

(690)

Es kommt die Stunde da endet das Betteln,
Da wird den lang bittstellenden Lippen
Das Vergebliche ihres Betens klar.
‚Du sollst nicht' ist ein sanfteres Schwert
Als von einem enttäuschenden Gott
‚Jünger, ein andermal.'

Spät neigt sich der Sieg –
Eisigen Lippen entgegen –
Zu frostentrückt
Ihn anzunehmen –
Wie köstlich hätte er geschmeckt –
Ein Tropfen bloß –
War Gott gar so sparsam?
Zu hoch ist Uns Sein Tisch gedeckt –
Wir speisten denn auf Zehenspitzen –
Krumen – gehn in so kleine Münder –
Kirschen – passen für Drosseln –
Das Goldene Adlerfrühstück würgt – Sie nur –
Gott hält Seinen Schwur bloß den Spatzen –
Den Hungerleidern – der kleinen Liebe –

The Bible is an antique Volume –
Written by faded Men
At the suggestion of Holy Spectres –
Subjects – Bethlehem –
Eden – the ancient Homestead –
Satan – the Brigadier –
Judas – the Great Defaulter –
David – the Troubadour –
Sin – a distinguished Precipice
Others must resist –
Boys that "believe" are very lonesome –
Other Boys are "lost" –
Had but the Tale a warbling Teller –
All the Boys would come –
Orpheus' Sermon captivated –
It did not condemn –

(1545)

Die Bibel – ein verstaubter Band –
Von verblichenen Männern geschrieben
Auf Eingebung Heiliger Gespenster –
Die Themen – Bethlehem –
Eden – Heimstatt von einst –
Satan – der General –
Judas – der Große Bankrotteur –
David – der Troubadour –
Sünde – markanter Abgrund
In den andre sich verirren –
‚Gläubige' Jungs sind sehr allein –
Die anderen Jungs ‚verloren' –
Wäre das Lied nur froh gestimmt –
Gern kämen die Jungs herbei –
Orpheus' Predigt schlug alle in Bann –
Und verdammte keinen –

Abraham to kill him
Was distinctly told –
Isaac was an Urchin –
Abraham was old –

Not a hesitation –
Abraham complied –
Flattered by Obeisance
Tyranny demurred –

Isaac – to his children
Lived to tell the tale –
Moral – with a Mastiff
Manners may prevail.

(1317)

Ihn zu schlachten wurde Abraham
Ernstlich angehalten –
Isaak war ein Kleiner Bengel –
Abraham war alt –

Und da war kein Zögern –
Abraham folgte brav –
Gerührt von soviel Folgsamkeit
Gab die Tyrannis nach –

Isaak lebte – und erzählte
Noch den Kindern diesen Schwank –
Moral – bei einer Bulldogge
Kommt es auf Manieren an.

A little East of Jordan,
Evangelists record,
A Gymnast and an Angel
Did wrestle long and hard –

Till morning touching mountain –
And Jacob, waxing strong,
The Angel begged permission
To Breakfast – to return –

Not so, said cunning Jacob!
"I will not let thee go
Except thou bless me" – Stranger!
The which acceded to –

Light swung the silver fleeces
"Peniel" Hills beyond,
And the bewildered Gymnast
Found he had worsted God!

(59)

Etwas östlich des Jordan,
Wie das Evangelium sagt,
Traf ein Turner einen Engel
Und sie rangen lang und hart –

Als den Berg das Frührot überzog –
Und es wuchs Jakobs Kraft,
Erbat der Engel Urlaub
Zum Frühstück – bis auf bald –

Nichts da, sprach der schlaue Jakob!
‚Ich lasse dich nicht ziehn
Bis du mich segnest' – Fremder!
Kaum war dem zugestimmt –

Als Licht die Silberflocken
Über ‚Peniels' Hügel schwang,
Und der verdutzte Turner sah
Gott wars, den er bezwang!

Peniel: Jakobs Name für den Kampfort nach 1. Mose 32:31

It's easy to invent a Life –
God does it – every Day –
Creation – but the Gambol
Of His Authority –

It's easy to efface it –
The thrifty Deity
Could scarce afford Eternity
To Spontaneity –

The Perished Patterns murmur –
But His Perturbless Plan
Proceed – inserting Here – a Sun –
There – leaving out a Man –

(724)

Paradise is of the option.
Whosoever will
Own in Eden notwithstanding
Adam and Repeal.

(1069)

Wie leicht, ein Leben zu erfinden –
Gott tut das – Jederzeit –
Erschaffung – bloß ein Tollen
Seiner Amtsgewalt –

Wie einfach es zu löschen –
Göttliche Sparsamkeit
Schuldet Spontaner Laune
Doch keine Ewigkeit –

Die Verdorbenen Muster murren –
Doch Sein Unstörbares Projekt
Fährt fort – setzt Hier – eine Sonne ein –
Läßt Dort – ein Menschlein weg –

Paradies steht zum Verkauf.
In Eden ein Stück Grund
Kann wer da will erwerben
Trotz Adams Kündigung.

VIII

I took my Power in my Hand –
And went against the World –
'Twas not so much as David – had –
But I – was twice as bold –

I aimed my Pebble – but Myself
Was all the one that fell –
Was it Goliah – was too large –
Or was myself – too small?

(540)

The Missing All – prevented Me
From missing minor Things.
If nothing larger than a World's
Departure from a Hinge –
Or Sun's extinction, be observed –
'Twas not so large that I
Could lift my Forehead from my work
For Curiosity.

(985)

VIII

Nahm alle Kraft in meine Hand –
Wider die Welt zu ziehn –
Weniger als David – einst besaß –
Dafür – zweimal so kühn –

Mein Kiesel flog – doch ich wars Selbst
Der da zu Boden ging –
War Goliath wirklich – allzu groß –
Oder ich nur – zu gering?

Mein Alles-Missen – sparte Mir
Minderes Zeug zu missen.
Wenn sich nicht mehr als eine Welt
Aus ihren Angeln löste –
Wenn bloß ein Sonnenball – verlosch –
War das nicht groß genug
Daß ich aus Neugier meine Stirn
Von meiner Arbeit hob.

I'm Nobody! Who are you?
Are you – Nobody – Too?
Then there's a pair of us?
Don't tell! they'd advertise – you know!

How dreary – to be – Somebody!
How public – like a Frog –
To tell one's name – the livelong June –
To an admiring Bog!

(288)

Experiment to me
Is every one I meet
If it contain a Kernel?
The Figure of a Nut

Presents upon a Tree
Equally plausibly,
But Meat within, is requisite
To Squirrels, and to Me.

(1073)

Ich bin Niemand! Und du?
Noch ein – Niemand – dazu?
Dann sind wir ein Paar?
Pst! sonst ruft man uns – öffentlich aus!

Wie abgeschmackt – Jemand – zu sein!
Wie indiskret – seinen Namen zu spein
Wie ein Frosch – den lieben Juni lang –
In den bewundernden Schlamm!

Experiment für mich
Ist jeder Gast
Ob er einen Kern besitzt?
Die bloße Form der Nuß

Macht sich auf dem Baum
Auch ganz ansehlich,
Doch etwas Mark – ist essentiell
Für Eichhörnchen, und Mich.

Much Madness is divinest Sense –
To a discerning Eye –
Much Sense – the starkest Madness –
'Tis the Majority
In this, as All, prevail –
Assent – and you are sane –
Demur – you're straightway dangerous –
And handled with a Chain –

(435)

If I should die,
And you should live –
And time should gurgle on –
And morn should beam –
And noon should burn –
As it has usual done –
If Birds should build as early
And Bees as bustling go –
One might depart at option
From enterprise below!
'Tis sweet to know that stocks will stand
When we with Daisies lie –
That Commerce will continue –
And Trades as briskly fly –
It makes the parting tranquil
And keeps the soul serene –
That gentlemen so sprightly
Conduct the pleasing scene!

(54)

Mancher Wahnsinn ist göttlichster Sinn –
Für den geschärften Blick –
Mancher Sinn – der nackte Wahnsinn –
Es ist Majorität
Die hier, wie Überall, bestimmt –
Stimm zu – und du bist kerngesund –
Ficht an – gleich fühlt man sich bedroht –
Und hängt dir Ketten um –

Müßte ich sterben,
Und du darfst leben –
Und die Zeit gluckst weiter hin –
Und Frühe strahlt –
Und Mittag sengt –
Wie immer, irgendwie –
Vögel so früh am Nesterbaun
So vielbeschäftigt Bienen –
Gern tritt man dann nach unten ab
Aus diesem Unternehmen!
Wie tröstlich, daß die Aktien stehn
Wenn wir unterm Rasen liegen –
Daß der Betrieb wie üblich geht –
Geschäfte hurtig fliegen –
Es macht das Scheiden friedevoll
Und hält die Seele heiter –
Daß die Herrn da oben so brillant
Das muntere Stückchen leiten!

The right to perish might be thought
An undisputed right –
Attempt it, and the Universe
Upon the opposite
Will concentrate its officers –
You cannot even die
But nature and mankind must pause
To pay you scrutiny.

(1692)

"*Speech*" – is a prank of *Parliament* –
"*Tears*" – a trick of the *nerve* –
But the Heart with the heaviest freight on –
Doesn't – always – move –

(688)

The Mind lives on the Heart
Like any Parasite –
If that is full of Meat
The Mind is fat.

But if the Heart omit
Emaciate the Wit
The Aliment of it
So absolute.

(1355)

Das Recht auf Untergang scheint doch
Ein unbestrittenes Recht –
Versuchs, und ihre Wachmannschaft
Wird gleich die ganze Welt
Zum Gegenteil zusammenziehn –
Du kannst nicht einmal sterben
Schon hält Natur und Menschheit an
Dich peinlich zu verhören.

‚*Reden*' – Posse im *Parlament* –
‚*Tränen*' – ein *Nerven*trick –
Doch das Herz mit der schwersten Fracht –
Zeigt – selten – wie es zuckt –

Geist zehrt von Herz
Ein echter Parasit –
Und ist es reich an Fleisch
Wird der Geist fett.

Doch spielt das Herz nicht mit
Wird der Witz ausgezehrt –
Sein Unterhalt entfällt
Absolut.

Rehearsal to Ourselves
Of a Withdrawn Delight –
Affords a Bliss like Murder –
Omnipotent – Acute –

We will not drop the Dirk –
Because We love the Wound
The Dirk Commemorate – Itself
Remind Us that we died.

(379)

To fill a Gap
Insert the Thing that caused it –
Block it up
With Other – and 'twill yawn the more –
You cannot solder an Abyss
With Air.

(546)

Vorstellung in Uns selbst
Eines Entzogenen Glücks –
Gewährt Genuß wie Mord –
Allmächtig – und Akut –

Wir lassen nicht vom Dolch –
Weil Wir die Wunde lieben
Der Dolch – Andenken seiner Selbst –
Gemahnt Uns daß wir starben.

Einen Spalt verstopfst
Du mit dem Stoff der daraus brach –
Versuchs und stampf
Ihn zu mit Anderem – er klafft
Noch mehr – Abgrund verschweißt du nicht
Mit Luft.

If your Nerve, deny you –
Go above your Nerve –
He can lean against the Grave,
If he fear to swerve –

That's a steady posture –
Never any bend
Held of those Brass arms –
Best Giant made –

If your Soul seesaw –
Lift the Flesh door –
The Poltroon wants Oxygen –
Nothing more –

(292)

I like a look of Agony,
Because I know it's true –
Men do not sham Convulsion,
Nor simulate, a Throe –

The Eyes glaze once – and that is Death –
Impossible to feign
The Beads upon the Forehead
By homely Anguish strung.

(241)

Läßt dich dein Nerv – im Stich –
Steig über deinen Nerv –
Mag sich ans Grab anlehnen,
Wenn er Angst hat auszuschern –

Eine stabile Stellung –
Nie hat sich wer gekrümmt
Den dieser Arm von Erz festhielt –
Zyklopen-Fabrikat –

Wenn deiner Seele schwindelt –
Öffne das Tor aus Fleisch –
Die Memme braucht nur Sauerstoff –
Das reicht –

Ich mag den Blick der Agonie,
Er ist so unverhohlen –
Denn Konvulsion fingiert sich schlecht,
Kein Röcheln – läßt sich lügen –

Das Auge glast einmal – im Tod –
Das schafft kein Simulant
Die Perlenschnüre auf der Stirn
Flicht schlichte Sterbensqual.

Surgeons must be very careful
When they take the knife!
Underneath their fine incisions
Stirs the Culprit – *Life*!

(108)

A still – Volcano – Life –
That flickered in the night –
When it was dark enough to do
Without erasing sight –

A quiet – Earthquake Style –
Too subtle to suspect
By natures this side Naples –
The North cannot detect

The Solemn – Torrid – Symbol –
The lips that never lie –
Whose hissing Corals part – and shut –
And Cities – ooze away –

(601)

Behutsam müssen die Chirurgen
Das Skalpell bewegen!
Unter ihren feinen Schnitten
Bebt der Halunke – *Leben*!

Ein Stilleben – Vulkanisch –
Ein Flackern in den Nächten –
Wenn es genügend Dunkel gibt
Ohne die Sicht zu löschen –

Verschwiegener – Erdbeben-Stil –
Zu leise – zu diskret
Für Argwohn diesseits des Vesuv –
Vom Norden unentdeckt

Das Festlich – Sengende – Symbol –
Die nielügenden Lippen –
Deren Korall aufzischt – und schließt –
Und Städte – versickern –

The reticent volcano keeps
His never slumbering plan –
Confided are his projects pink
To no precarious man.

If nature will not tell the tale
Jehovah told to her
Can human nature not survive
Without a listener?

Admonished by her buckled lips
Let every babbler be
The only secret people keep
Is Immortality.

(1748)

When Etna basks and purrs
Naples is more afraid
Than when she shows her Garnet Tooth –
Security is loud –

(1146)

There is no Silence in the Earth – so silent
As that endured
Which uttered, would discourage Nature
And haunt the World.

(1004)

Der wortkarge Vulkan verschweigt
Den nimmermüden Plan –
Trägt nie sein rötliches Projekt
Prekären Menschen an.

Wenn die Natur für sich behält
Was Jehova ihr erzählte
Kann nicht auch menschliche Natur
Ohne Hörer überleben?

Warnung soll ihr versperrter Mund
Für jeden Schwätzer sein
Nur ein Geheimnis wahrt der Mensch
Das der Unsterblichkeit.

Wenn Ätna schnurrt und blaut
Erschrickt Neapel mehr
Als wenn er den Granatzahn zeigt –
Sicherheit ist laut –

Keine Stille im Innern der Erde – so still
Wie sie die erduldet
Der Natur den Mut nähme, spräch man sie aus
Und der Welt die Ruhe.

Nature – sometimes sears a Sapling –
Sometimes – scalps a Tree –
Her Green People recollect it
When they do not die –

Fainter Leaves – to Further Seasons –
Dumbly testify –
We – who have the Souls –
Die oftener – Not so vitally –

(314)

Apparently with no surprise
To any happy Flower
The Frost beheads it at its play –
In accidental power –
The blonde Assassin passes on –
The Sun proceeds unmoved
To measure off another Day
For an Approving God.

(1624)

Natur – dörrt manchmal einen Schößling –
Manchmal – wird ein Baum skalpiert –
Ihr Grünes Volk vergißt das nicht
Falls es überlebt –

Schwächeres Laub – legt Späteren Sommern –
Stummes Zeugnis ab –
Tod trifft uns – die Seelen haben –
Öfter – Doch nicht so vital –

Anscheinend nimmt es unerstaunt
Die beglückte Blüte hin
Daß sie der Frost beim Spielen köpft –
Im Machtstreich ohne Sinn –
Der blonde Mörder geht davon –
Die Sonne ungerührt
Nimmt wieder einem Tage Maß
Für einen Lieben Gott.

A Visitor in Marl –
Who influences Flowers –
Till they are orderly as Busts –
And Elegant – as Glass –

Who visits in the Night –
And just before the Sun –
Concludes his glistening interview –
Caresses – and is gone –

But whom his fingers touched –
And where his feet have run –
And whatsoever Mouth he kissed –
Is as it had not been –

(391)

The Spider holds a Silver Ball
In unperceived Hands –
And dancing softly to Himself
His Yarn of Pearl – unwinds –

He plies from Nought to Nought –
In unsubstantial Trade –
Supplants our Tapestries with His –
In half the period –

An Hour to rear supreme
His Continents of Light –
Then dangle from the Housewife's Broom –
His Boundaries – forgot –

(605)

Ein Visitant im Mergel –
Der Blumen unterweist –
Bis sie so steif wie Büsten stehn –
Und Elegant – wie Glas –

Der nächtliche Besuche macht –
Und vor der ersten Sonne –
Sein glitzerndes Gespräch beschließt –
Liebkost – und geht davon –

Doch die von seiner Hand berührt –
Und die er trat mit Füßen –
Und jeder Mund den er geküßt –
Sind dann wie nie gewesen –

Die Spinne hält den Silberball
In unmerklichen Händen –
Um langsam tanzend mit sich Selbst
Ihr Perlgarn – zu entwinden –

Sie spannt von Nichts zu Nichts –
Ihr unstoffliches Werk –
Ersetzt unsere Tapisserie –
In halber Zeit –

Eine Stunde nur, und hochgebaut
Ist Ihr Kontinent aus Licht –
Baumelt vom Mägdebesen dann –
Und Ihr Reich – verblich –

I know some lonely Houses off the Road
A Robber'd like the look of –
Wooden barred,
And Windows hanging low,
Inviting to –
A Portico,
Where two could creep –
One – hand the Tools –
The other peep –
To make sure All's Asleep –
Old fashioned eyes –
Not easy to surprise!

How orderly the Kitchen'd look, by night,
With just a Clock –
But they could gag the Tick –
And Mice won't bark –
And so the Walls – don't tell –
None – will –

A pair of Spectacles ajar just stir –
An Almanac's aware –
Was it the Mat – winked,
Or a Nervous Star?
The Moon – slides down the stair,
To see who's there!

There's plunder – where –
Tankard, or Spoon –
Earring – or Stone –
A Watch – Some Ancient Brooch
To match the Grandmama –
Staid sleeping – there –

Weiß abseits der Straße einsame Häuser –
Die wären für Räuber von Reiz –
Gitter aus Holz,
Fenster hängen tief,
Laden zum Besuch –
Vorn ein Säulendach,
Zwei fänden da leicht Unterschlupf –
Einer – nimmt das Gerät –
Der andre hält Wacht –
Ob auch Alles Schläft –
Augen von alter Art –
Die so schnell nichts überrascht!

Wirkt so aufgeräumt, die Küche bei Nacht,
Nur eine Uhr tickt –
Die ließe sich knebeln –
Und Mäuse werden nicht bellen –
Solang die Wände – nichts erzählen –
Bleibt alles – dicht –

Eine Brille rührt sich halb im Schlaf –
Ein Almanach hat was gemerkt –
War es die Schale – die da blinkte,
Oder ein Nervöser Stern?
Jetzt gleitet der Mond – treppab,
Will selbst sehn – wer da!

Da ist die Beute – wo –
Löffel, oder Kanne –
Ohrring, oder Steine –
Taschenuhr – Eine Alte Brosche
So recht zur Großmama passend –
Die da gelassen – schläft –

Day – rattles – too
Stealth's – slow –
The Sun has got as far
As the third Sycamore –
Screams Chanticleer
"Who's there"?

And Echoes – Trains away,
Sneering – "Where"!
While the old Couple, just astir,
Fancy the Sunrise – left the door ajar!

(289)

Tag – rasselt – schon heran
Verstohlenheit – ist langsam –
Die Sonne ist bereits
An der dritten Platane –
Kräht der Hahn
‚Wer da?'

Und Echos – Ziehn hinterher,
Und höhnen – ‚Wo!'
Während das alte Paar, das sich soeben regt,
Meint Morgensonne ließ die Tür – halboffen stehn!

Sweet – safe – Houses –
Glad – gay – Houses
Sealed so stately tight –
Lids of Steel – on Lids of Marble –
Locking Bare feet out –

Brooks of Plush – in Banks of Satin
Not so softly fall
As the laughter – and the whisper –
From their People Pearl –

No Bald Death – affront their Parlors –
No Bold Sickness come
To deface their Stately Treasures –
Anguish – and the Tomb –

Hum by – in Muffled Coaches –
Lest they – wonder Why –
Any – for the Press of Smiling –
Interrupt – to die –

(457)

A Charm invests a face
Imperfectly beheld –
The Lady dare not lift her Veil
For fear it be dispelled –

But peers beyond her mesh –
And wishes – and denies –
Lest Interview – annul a want
That Image – satisfies –

(421)

Hübsche – heile – Häuser –
Frohe – freie – Häuser –
So stattlich versiegelt und fest –
Deckel von Stahl – über Marmornen Deckeln –
Schließen Barfüße aus –

Bäche von Plüsch – zwischen Seidenen Ufern
Fallen nicht so sacht
Wie das Gelächter – und Gewisper –
Aus ihren Bewohnern Perlt –

Kein Kahler Tod – kränkt ihren Salon –
Keine Dreiste Seuche wagt
Ihren Stattlichen Schatz zu beschädigen –
Ängste – und das Grab –

Huschen vorbei – in verhängten Kutschen –
Um ja nicht zu fragen – Wieso –
Einer vielleicht – unterm Druck des Lächelns –
Sich stören ließe – vom Tod –

Zauber kleidet ein Gesicht
Undeutlich erspäht –
Die Dame hebt den Schleier nicht
Aus Furcht daß er verfliegt –

Äugt nur durch die Maschen –
Sehnt sich – und verwehrt –
Daß nicht die Nähe – Wünsche löscht –
Die das Bild – genährt –

What Soft – Cherubic Creatures –
These Gentlewomen are –
One would as soon assault a Plush –
Or violate a Star –

Such Dimity Convictions –
A Horror so refined
Of freckled Human Nature –
Of Deity – ashamed –

It's such a common – Glory –
A Fisherman's – Degree –
Redemption – Brittle Lady –
Be so – ashamed of Thee –

(401)

She dealt her pretty words like Blades –
How glittering they shone –
And every One unbared a Nerve
Or wantoned with a Bone –

She never deemed – she hurt –
That – is not Steel's Affair –
A vulgar grimace in the Flesh –
How ill the Creatures bear –

To Ache is human – not polite –
The Film upon the eye
Mortality's old Custom –
Just locking up – to Die.

(479)

Welch Sanft – Seraphische Wesen – sind
All diese holden Damen –
Wer täte einem Plüsch Gewalt –
Trät einem Stern zu nahe –

Grundsätze von so feinem Taft –
Ein Graun – so kultiviert
Vor dem sommersprossigen Menschentum
Für die Gottheit – ganz geniert –

Die Herrlichkeit ist so – gemein –
Ein Diplom – für Fischer eben –
Erlösung – Zarte Dame – wird
Sich so – auch Deiner schämen –

Ihre netten Worte teilt sie aus –
Wie Klingen so gestochen –
Jedes legt ein paar Nerven bloß
Tändelt mit einem Knochen –

Ahnt nicht daß sie – verletzt –
Das – ist nicht Stahles Sache –
Fleisch grimassiert gar so vulgär –
Wie wenig die Leute vertragen –

Zucken ist menschlich – doch nicht fein –
Der Schleier auf dem Blick
Ein alter Brauch der Sterblichkeit –
Die im Tod – die Läden schließt.

A face devoid of love or grace,
A hateful, hard, successful face,
A face with which a stone
Would feel as thoroughly at ease
As were they old aquaintances –
First time together thrown.

(1711)

His little Hearse like Figure
Unto itself a Dirge
To a delusive Lilac
The vanity divulge
Of Industry and Morals
And every righteous thing
For the divine Perdition
Of Idleness and Spring –

(1522)

Gesicht lieblos und arm an Reiz,
Gesicht erfolgreich, hart, verhaßt,
So ein Gesicht bei dem ein Stein
Sich ganz so fühlte wie daheim
Als seien sie ein altes Paar –
Kaum daß man sie zusammenwarf.

Ein Sargartiges Männchen
Die Gestalt schon Grabgesang
Macht dem unlauteren Flieder
Die hohle Weisheit klar
Von Arbeitsfleiß und von Moral
Und allen rechten Dingen
Zur göttlichen Verdammnis
Von Müßiggang und Frühling –

The butterfly obtains
But little sympathy
Though favorably mentioned
In Entomology –

Because he travels freely
And wears a proper coat
The circumspect are certain
That he is dissolute –

Had he the homely scutcheon
Of modest Industry
'Twere fitter certifying
For Immortality –

(1685)

How happy is the little Stone
That rambles in the Road alone,
And doesn't care about Careers
And Exigencies never fears –
Whose Coat of elemental Brown
A passing Universe put on,
And independent as the Sun
Associates or glows alone,
Fulfilling absolute Decree
In casual simplicity –

(1510)

Der Schmetterling erwirbt sich
Recht wenig Sympathie
Trotz lobender Erwähnung
In der Entomologie –

Weil er so frei herumreist
Im kleidsamen Kostüm
Sind die Neunmalklugen ganz gewiß
Er ist ein Libertin –

Trüg er das schlichte Wappen
Von Fleiß und Sittsamkeit
Er taugte besser als Emblem
Für die Unsterblichkeit –

Wie selig ist der kleine Stein
Der seiner Wege rollt allein,
Der sich nicht um Karrieren schert
Sich nicht an Dringlichkeiten stört –
Den Rock aus Braunem Erdenteil
Gab ihm das Weltall nebenbei,
Und wie die Sonne souverän
Geht er mit andern, glänzt allein,
Dient so dem obersten Geheiß
In einfacher Beiläufigkeit –

How much the present moment means
To those who've nothing more –
The Fop – the Carp – the Atheist –
Stake an entire store
Upon a Moment's shallow Rim
While their commuted Feet
The Torrents of Eternity
Do all but inundate –

(1380)

The Past is such a curious Creature
To look her in the Face
A Transport may receipt us
Or a Disgrace –

Unarmed if any meet her
I charge him fly
Her faded Ammunition
Might yet reply.

(1203)

Wieviel bedeutet der Moment
Denen die sonst nichts kennen –
Dandy – Krittler – Atheist –
Sie setzen ihr Vermögen
Auf den flachen Rand des Augenblicks
Während die verklärten Füße
Sturzbäche der Ewigkeit
Fast schon überfluten –

Vergangenheit ist ein seltsames Ding
Wir schaun ihr ins Auge
Sie grüßt mit Freudentaumel
Oder wendet den Blick –

Trifft man sie unbewaffnet
Dann hilft nur Flüchten
Ihre verblichene Munition
Kann zünden.

You cannot make Remembrance grow
When it has lost its Root –
The tightening the Soil around
And setting it upright
Deceives perhaps the Universe
But not retrieves the Plant –
Real Memory, like Cedar Feet
Is shod with Adamant –
Nor can you cut Remembrance down
When it shall once have grown –
Its Iron Buds will sprout anew
However overthrown –

(1508)

Down Time's quaint stream
Without an oar
We are enforced to sail
Our Port a secret
Our Perchance a Gale
What Skipper would
Incur the Risk
What Buccaneer would ride
Without a surety from the Wind
Or schedule of the Tide –

(1656)

Erinnerung bringst du nicht zum Blühn
Wenn ihr die Wurzel starb –
Den Boden ringsum stampfen
Sie richten kerzengrad
Das täuscht vielleicht die weite Welt
Es rettet nicht die Pflanze –
Gedächtnis, wie ein Zedernfuß
Ist beschuht mit Diamanten –
Erinnerung schneidest du nicht ab
Wenn sie erst gewachsen ist –
Ihre Eisen-Knospen treiben neu
Wie sehr man sie beschnitt –

Hinab den fremden Strom der Zeit
Und ruderlos
Heißt man uns fahrn
Geheimnis unser Port
Unser Gut Glück ein Sturm
Wo ist der Schiffer der
Solch Wagnis auf sich nimmt
Wo der Pirat der Wogen reitet
Ganz ohne Garantie des Winds
Ohne Plan der Gezeiten –

Water, is taught by thirst.
Land – by Oceans passed.
Transport – by throe –
Peace – by its battles told –
Love, by Memorial Mold –
Birds, by the Snow.

(135)

Wasser – wird durch Durst gelehrt.
Land – durch überquertes Meer.
Verzückung – durch Weh –
Frieden – durch Schlachtgedenken –
Liebe, durch Grabes Erde –
Vögel, durch Schnee.

Nachwort

I

Wenn derartige Superlative überhaupt zulässig sind, dann wird man Emily Dickinson die größte Dichterin und die erste moderne Stimme der angelsächsischen Poesie nennen müssen. Die auftrumpfenden Freiverskaskaden ihres Zeitgenossen Walt Whitman wirken, bei aller Lautstärke, eher bemüht progressiv neben der dunklen Präzision ihrer Vierzeiler. Als ungelesene Dichterin konnte sie ohne jede Rücksicht auf den Zeitgeschmack die Gratwanderung zwischen Ekstase und Verzweiflung auf sich nehmen, die Leben und Schreiben für sie bedeutete. Dabei hat die scheinbar weltentrückte ‚Einsiedlerin von Amherst' wie Baudelaire dem modernen *horror vacui* ins Auge gesehen, und sich wie Rimbaud sehend gemacht, um mithilfe einer entfesselten Sprache im Unbekannten anzukommen.

Die über hundert Jahre, die seit der posthumen, editorisch geglätteten ersten Auswahl ihres Werkes verstrichen sind, haben ihren dreifachen Rang als Dichterin Neuenglands, der modernen Bewußtseinskrise und einer spezifisch weiblichen Welterfahrung, deren Ausdruck den – männlich determinierten – Erwartungshorizont nachromantischer Lyrik radikal überschreitet, zunehmend sichtbar werden lassen. „Wenn mir der Ruhm zukommen sollte", bemerkt sie in einem Brief, „so könnte ich ihm gar nicht entgehen." Eines ihrer knappsten späten Gedichte behandelt das Thema so lakonisch wie möglich:

Fame is a bee.
  It has a song -
It has a sting -
  Ah, too, it has a wing. (1763)

Ruhm ist eine Biene.
  Kann singen -
Kann stechen -
  Ach ja, kann auch fliegen.

Ihrem poetischen Mentor gegenüber, der von ihren Gedichten gleichermaßen berührt und befremdet war, definierte sie ihre Aufgabe auf kryptische Art: „My business is circumference." Dieses vielsilbig-vieldeutige Lieblingswort meint – soweit es sich umschreiben läßt – das Ausgreifen von einem Zentrum aus bis an den äußersten Sichtkreis und über ihn hinaus, den Schritt ins Unvertraute als Wachstum der Seele, aber auch die den Menschenverstand übersteigende zyklische Energie der Natur. In diesem Sinn hat die enorme Ausweitung der Peripherie ihres nachträglichen Ruhmes nur das Kernstück ihrer Poetik eingelöst und die eigentümliche innere Bewegung ihrer Gedichte nachvollzogen.

II

Wie sich in ihren Texten räumliche Konzentration und Tiefe gegenseitig bedingen, so ist in ihrem Leben eine zuletzt zur Immobilität gesteigerte örtliche Begrenzung Basis für die weitausgreifende Bewegung ihrer Phantasie: „Circumference" von solcher Qualität bedarf des festen Mittelpunkts. Der Mythos der Frau in Weiß, der verschrobenen *New England spinster*, der Eremitin im elterlichen Haus reflektiert nur die äußere Enge dieser Existenz, ohne ihre essentielle Weite und Tiefe: dieses Leben war alles andere als ereignisarm, weltflüchtig, einsam und unerfüllt. Seinen zutiefst ‚geselligen' Charakter bezeugen Hunderte von Briefen (die den Gedichten oft in Stil und Bildlichkeit nahestehen), sowie zahlreiche Erinnerungen von Freunden und Angehörigen.

Emily Dickinson, eine der unkonventionellsten Autorinnen, die je gelebt haben, wurde 1830 in der Kleinstadt Amherst, Massachusetts, in ein von starken religiösen und bürgerlichen Konventionen geprägtes Milieu hineingeboren. Die Familie war hochbegabt, tüchtig und angesehen. Der Großvater war Begründer, der Vater – und später auch der Bruder – Schatzmeister des renommierten Amherst College, das als Bollwerk puritanischer Glaubensstrenge dem liberaleren Harvard die Stirn bot. Das Familienleben vereinte geistige Offenheit mit emotionaler Intensität. Der Vater, eine imponierende Gestalt, rastlos tätig, gestrenger Patriarch; eine Mutter, deren auf die Hausfrauenrolle beschränktes Leben Emily mit kritischen Augen sah; die jüngere Schwester Lavinia, mit der sie ein „frühes, tiefes, unauflösbares Bündnis" verband; der heißgeliebte ältere Bruder Austin, der später Emilys beste Freundin, die brillante New Yorkerin Susan Gilbert, heiratete und nur ein paar Häuser weiter zog...: ein dichtes Geflecht von Beziehungen auf engem Raum. Mit den Worten Emilys: „Wir sind eben anders als fast alle andern, und daher mehr auf uns selber angewiesen, um uns zu vergnügen."

Frauen waren in diesem Milieu nicht vom geistigen Leben ausgeschlossen. Emily erhielt eine ausgezeichnete Schul- und Collegeausbildung, und das gastfreie, reich mit Büchern und Zeitschriften bestückte Elternhaus tat ein übriges. Als junges Mädchen muß sie vor Witz und Übermut gesprüht haben; doch auch ein gehöriger Schuß Skepsis zeigte sich früh. So war sie die einzige in der Familie, die sich gegen die Erwekkungsbewegungen, wie sie ihre Umgebung in periodischen Abständen erfaßten, immun zeigte. In ihrer Metaphysik war das Übernatürliche die Offenbarung des Natürlichen: „Die Welt lockte mich, und in einem unbewachten Moment lauschte ich ihrer Sirenenstimme. Von da an scheint sich mein Interesse an himmlischen Dingen langsam verloren zu haben." Später sagte sie es sarkastischer: „Alle außer mir sind religiös und beten jeden Morgen zu einer Eklipse, die sie ‚Vater' nennen."

Das Ausgesetztsein und die extreme Verletzlichkeit der Existenz erfuhr die mit überstarker Emotionalität Begabte an den Trennungen und Todesfällen, die ihre Welt erschütterten. Ein zunehmender Rückzug in den schützenden Raum des Hauses, des geliebten Gartens und schließlich des Zimmers war die Folge. Sie verweigerte sich dem Nebensächlichen: „Ich überquere nicht mehr das Anwesen meines Vaters, um irgendein Haus oder eine Stadt zu besuchen." Zu den wenigen neuen Bekannten sprach sie von sich im Ton ironischer Selbstverkleinerung: „Ich habe kein Portrait zur Hand, doch ich bin klein wie der Zaunkönig, mein Haar ist keck wie die Stachelfrucht der Kastanie – und meine Augen sind wie der Sherry im Glas, den der Gast stehen läßt…“ Um 1860 erlebte sie eine tiefe seelische Krise, über deren biographischen Anlaß viel spekuliert worden ist; einen Verlust, den sie als Tod-im-Leben und offenbar als tödlichen Liebesverlust empfand, und der eine unvergleichliche poetische Produktion auslöste. In diesen Jahren, die mit dem Ausbruch des amerikanischen Bürgerkriegs zusammenfallen, entstanden Liebes-, Passions- und Todesgedichte von größter Kühnheit des Ausdrucks: Expression als gepreßte Essenz, als Destillat von Leidensdruck, wie es ihr poetologisches Gedicht „Essential Oils – are wrung“ (S. 26) beschreibt.

In dieser Zeit wurde ihr die Besonderheit ihrer Dichtergabe eindringlicher bewußt. Sie wollte ihre Wirkung auf Außenstehende erproben; schickte dem liberalen Literaten Thomas W. Higginson einige Verse, mit der – rhetorischen – Frage, ob sie Atem und Leben hätten; bat ihn darum, sie das poetische Wachstum zu lehren und ernannte ihn zu ihrem Präzeptor – gottlob, ohne sich seine Kritik ihrer Unregelmäßigkeiten zu Herzen zu nehmen. Seinem aufrichtigen, doch schwerfälligen Verstehenwollen gegenüber erklärte sie sich in kostbaren, metaphorischen, häufig selbstironischen Gedankensplittern: „Sie finden meine Gangart sprunghaft – ich lebe in Gefahr – Sie finden mich ‚unbeherrscht‘ – ich habe kein Tribunal über mir… – Wenn ich von der Morgendämmerung überrascht werde, oder wenn mich der Sonnenuntergang erspäht – Mich, das einzige Känguruh in all dem Schönen, denken Sie nur, das tut mir weh, und ich dachte, Unterweisung würde den Schmerz beheben…" „Was meine ‚Scheu vor Männern und Frauen' anlangt – sie reden so laut über Heilige Dinge, – und bringen damit meinen Hund in Verlegenheit…"

Higginson, an dem die Dichterin einen in den Grenzen des Zeitgeschmacks kundigen Gesprächspartner fand, entmutigte für immer ihren Versuch, den Weg in die Öffentlichkeit zu finden. (Zu ihren Lebzeiten wurden – redaktionell zurechtgestutzt, und ohne Namensnennung – ganze sieben ihrer 1775 Gedichte gedruckt). Die Dichterin Helen Hunt Jackson dagegen, eine Freundin aus Kindertagen, der Dickinson sich später wieder annäherte, urteilte hellsichtiger:

> Ich besitze ein Manuskriptheft mit einigen Deiner Gedichte – und ich lese sehr oft darin – Du bist eine große Dichterin – und Du tust dem Tag, an dem Du lebst, Unrecht damit, daß Du nicht laut singen willst. Wenn Du erst in dem Zustand bist, den die Menschen Tod nennen, wird es Dir leid tun, daß Du so knauserig warst.

Emily Dickinson erlag am 15. Mai 1886 einem Nierenleiden, das sie, „abgetrennt von Buch und Denken", den ganzen Winter über ans Bett gefesselt hatte. Ihr letzter Brief, an die zum engsten Zirkel zählenden Kusinen, ist zugleich ihr kürzester: „Little Cousins, Called back. Emily." Das Begräbnis folgte strikt den Anweisungen der Verstorbenen, die verlangt hatte, „zur Hintertür hinaus rings um den Garten" getragen zu werden, „durch die geöffnete Scheune, und dann durch die Wiesen zum Familiengrab, immer in Sichtweite des Hauses."

Als Lavinia den Nachlaß ihrer Schwester sichtete (und deren umfangreiche Briefsammlung verbrannte), stieß sie auf über sechzig zwirnvernähte Hefte und eine Fülle ungesammelter Texte. Sie überredete Mabel L. Todd, eine Freundin Emilys und die Frau, mit der Austin eine leidenschaftliche, die Familie spaltende Liebesbeziehung hatte, einen Teil der Gedichte herauszugeben. Es war ein schwieriges Unternehmen, doch Mabels Glauben an den Rang dieser Dichtung war unerschütterlich: „Ich spürte ihr Genie und wußte, das Buch wird ein Erfolg." So war es. Der ersten Auswahl von 1890 schlossen sich rasch zwei weitere an, und darauf folgten mehrere Nachlesen. Doch erst 1955, als der Nachlaß Dickinsons den Weg nach Amherst College und in die Harvard Library gefunden hatte, konnte die entscheidende kritische Ausgabe von Thomas H. Johnson erscheinen, die erstmals alle Texte unverkürzt und in der ursprünglichen Form veröffentlichte. Endlich waren die erstaunlichen Dimensionen dieses Werkes sichtbar, und die Phase seiner kritischen Erschließung konnte beginnen.

III

Die Familie hat Dickinsons immer entschiedenere Wendung nach innen („Im Lauten leben lag mir nicht") und ihre Wahl des kontemplativen Daseins –

die tatkräftigen häuslichen Einsatz durchaus einschloß – ein Leben lang respektiert. So konnte sie für sich Emersons Forderung, den Intellekt heilig zu halten, kompromißlos verwirklichen. Sie las mit den Augen der Schreibenden – die englischen romantischen Dichter, die Brontës und Brownings, George Eliot, und natürlich Emerson, dessen gnomische Gedankenlyrik und symbolische Natursicht ihr nahestanden; aber auch, mit besonderer Intensität, die Bibel und Shakespeare; dazu einzelne *Metaphysical Poets* des 17. Jahrhunderts, lange ehe die Moderne sie wiederentdeckte: die Dramatik ihrer metrischen und bildlichen Überraschungscoups, die die Barrieren der Gewohnheit für die Erfahrung des Wunderbaren aufsprengen, muß sie als verwandten Willen zur verfremdeten Wahrnehmung empfunden haben. Unter den Prosaikern dieser Epoche steht ihr der paradoxe und wundersüchtige Sir Thomas Browne nahe, ein unorthodoxer Metaphysiker, der von sich sagt:

> Fest und zuversichtlich, doch ohne deshalb einen Schwur zu wagen, vertraue ich auf meine Erlösung. Ich bin gleichfalls so gut wie sicher und glaube ohne allen Zweifel, daß es die Stadt Konstantinopel gibt – doch darauf einen Eid abzulegen hieße eine Art Meineid leisten, da mir dazu die unverbrüchliche Garantie meiner Sinne fehlt...
>
> (*Religio Medici,* I, lix)

Emily Dickison sagt es etwas anders:

Sah nie ein Moor -
Sah nie die See -
Weiß doch wie Heidekraut aussieht
Und wie die Welle schlägt.

Sprach nie mit Gott
Zu Besuch im Himmel nie -
Bin doch des Ortes so gewiß
Als hätt ich Garantie – (S. 83)

In diesem seltenen Fall, wo wir so etwas wie eine literarische Quelle für einen ihrer Texte besitzen („Ich halte mich bewußt von Farbe fern, die andere gemischt haben", schrieb sie an Higginson), ist nicht die Übernahme, sondern ihre Metamorphose das Entscheidende; vom weiten Satzbogen zur knappen Reihung, vom Bild der mythisch entrückten Stadt zur Naturmetaphorik, von der christlichen zu einer anders gearteten Paradiesvorstellung: „In Eden ein Stück Grund / Kann wer da will erwerben / Trotz Adams Kündigung" (S. 251).

Das innere Geschehen der größten Dickinson-Gedichte läßt sich am ehesten als Überwältigung des Ich durch eine fremde, horrende, häufig männlich kodierte Macht beschreiben. Diese Überwältigung kann Ekstase sein oder Alptraum, und sie findet sich auch in scheinbar ichlosen Texten. Es ist eine Kraft, die von der Natur ebenso wie (in den ‚Liebesgedichten') vom Menschen ausgeht, wobei Kleinstes und Größtes, Schönheit und Schrecken, kindliche Unschuld und erotische Obsession den Platz tauschen: Grillengezirpe wird zum Tremendum, der Tod tritt als galanter Freier auf, das mädchenhafte Ich sucht in atemloser Flucht der Faszination und dem leiblichen Zugriff der See oder einer phallischen Schlange zu entkommen (S. 45, 203, 57, 75).

Auch die Begegnungen mit den Wundern der Natur führen zu keiner romantischen Entgrenzung und Verschmelzung von Subjekt und Objekt. „Natur ist eine Fremde", ihr Haus ein Spukhaus, und jeder Versuch einer Annäherung erzeugt jenes galvanische Erschauern, das Baudelaire Dickinsons Landsmann E. A. Poe nachrühmt und dessen lyrische Spielart sie selbst beherrscht wie keine zweite. Die Schönheit der Natur hat für sie einen Eisespanzer, granitene Schenkel und Muskeln von Stahl. Das wunderbare Eintauchen eines soeben noch in seiner Niedlichkeit gesehenen Vogels in sein ureigenes Element enthält ebenso dieses abgründige Fremdwerden der Welt wie das grandios menschenentrückte Phänomen des Nordlichts, das die Dichterin zum Sinnbild ihrer poetischen Imagination macht (S. 55, 77, 37, 17).

So wie die alltäglichsten Äußerungen der Natur dem ausgesetzten Ich (dem Subjekt als Objekt) oder anderen Naturobjekten als Folter und Exekution erscheinen (die Verben sind von krasser Gewaltsamkeit: Vogelstimmen zerfleischen den Hörer, Bäume werden von Unwettern skalpiert), sieht Dickinson mitten im normalen Gang der Dinge Katastrophen von apokalyptischem Ausmaß hervorbrechen. Es sind Momente, in denen ein Spänchen im Hirn verrutscht und für das Ich den Weltuntergang auslöst, in denen ein Kobold mit sadistischer Zärtlichkeit über unser eiserstarrtes Haar streicht, wo zum Totenamt im eigenen Hirn der ganze Weltraum als Glocke gellt, wo sich die Himmel zum unendlichen Kerker schließen, in dessen schwindelnde Leere sich das winzige Ich hinausgestoßen fühlt

(S. 147, 161, 175, 181). Diese Bilder des Zerfleischt-, Vereist-, Lebendig-Begrabenwerdens und des kosmischen Ausgesetztseins gehören zur archetypischen Bildwelt des modernen Seelensturzes, wie wir sie etwa aus Baudelaires *Spleen*-Gedichten kennen; Dickinson teilt seinen radikalen Einspruch gegen die Euphemismen des 19. Jahrhunderts.

Susan Gilbert, ihre Vertraute, sagte über die zweite Strophe des großen Gedichts „Verwahrt in ihren Alabasterkammern" in der Fassung von 1861 (S. 225): „Wenn ich nur daran denke, muß ich immer ans Feuer treten, um wieder warm zu werden, aber es *gelingt* mir nie." Emily, deren Alternativentwürfe zu diesen Versen die apokalyptischen Töne des Gedichts immer weiter verstärkten, schickte einen davon an Susan mit der Frage: „Klingt es *so frostiger*?"

Dichterischer Ausdruck heißt für sie, die Spannung zwischen Vertrautheit und bodenloser Fremderfahrung im eigenen Bewußtsein und in einer nicht länger romantisch beschönigten Natur auszuhalten und in sprachliche Essenz zu verwandeln: Essenz im Sinne von Reife und Pression, als „Geschenk von Sonnen und Schrauben". Eine solcher Erfahrung und Poetik angemessene Sprache kann nicht anders als gewaltsam grenzüberschreitend sein; eine solcherart erfahrene Wahrheit läßt sich nur fremd und widersprüchlich sagen:

> Sag Wahrheit ganz doch sag sie schief –
> Der Umweg bringt Gewinn ... (S. 27)

Das Fremdwerden der Welt in seinem Doppelaspekt als Wunder- und Schreckenserlebnis kann sich – relativ harmlos – als Rätselgedicht ausdrücken, bei dem der Leser die Identität des enigmatisierten Gegenstandes erraten muß (etwa den Kolibri, die Grillen, die Eisenbahn, das Grab, den Sonnenuntergang auf S. 39, 45, 53, 223, 37); oder in einer überstarken Dehnung der Bildspanne zwischen Metapher und ‚Gemeintem'; oder schließlich in der Verweigerung jeglicher Referenz für die Metaphorik, ja des Substantivs für das Pronomen: wer ist der ‚Er' des Gedichtes „Er tappt an deiner Seele" (S. 167), der am Ende die nackte Seele skalpiert? Gott, Tod oder Geliebter – oder alle drei? Solche Fragen werden auch durch den Kontext aller übrigen Gedichte nicht beantwortbar. Der Leser muß die vom Text geforderte Offenheit aushalten.

Dickinson inszeniert die Fremdheit der Existenz sprachlich im ständigen Widerspruch von angelsächsischen Einsilbern und raren vielsilbigen *hard words,* von Kirchenliedermetrik und verweigertem oder schrägem Reim, von vertrautem Bildmaterial und seiner drastischen Verrückung, von schlichtester Satzfügung und exzentrischer Rechtschreibung und Zeichensetzung. Ihre berühmten Gedankenstriche sind Risse, die an der Textoberfläche die semantische Vulkantätigkeit im Inneren anzeigen – denn die Krusten, die unter unseren Füßen festen Boden vortäuschen, sind brüchig:

> Gras überzieht meinen Vulkan -
> Beschaulich scheint der Ort – (S. 151)

Wer die natürliche, seelische und dichterische Wirklichkeit so vulkanisch versteht wie Emily Dickinson, der darf auch einmal Neapel unter dem Ätna ansiedeln (S. 267). Aus einer metaphysischen Perspektive, die – auch ohne Darwin-Lektüre – die mutige Schau einer unmenschlichen Natur und der kosmischen Leere einschließt, macht sie der konventionellen Neuengland-Frömmigkeit in gnadenloser Ironie den Prozeß: dem Erbaulichen bleibt keine Hintertür. Und doch wahrt ihre Dichtung ein geheimnisvolles Gleichgewicht von Terror und Ekstase. Ihre tiefe Schreckensvision versöhnt sich, wie der englische Dichter Ted Hughes im Vorwort zu seiner Auswahl aus dem Werk der Dichterin erkennt, mit ihrer ebenso intensiven Liebe zur Schöpfung im Zeichen des Todes, der ihr zentrales Thema ist. Viele ihrer lyrischen Ichs („Wenn ich mich zum Stellvertreter meiner Verse erkläre, heißt das nicht – ich –, sondern eine angenommene Person") melden sich von jenseits des Grabes zu Wort. Die Verschmelzung von Liebe und Poesie -

> Zwei oder keins geschieht -
> Spür eines und du bist verzehrt -
> Keiner schaut Gott und lebt – (S. 17)

unter der Ägide des Todesgottes ist ein Akt der Befreiung.

IV

Emily Dickinsons Texte widerstehen nicht nur der modischen Deutung und Vereinnahmung (für die eine üppig ins Kraut geschossene Kritik reiches Belegmaterial bietet), sie scheinen sich auch beharrlich der Übertragung zu widersetzen. Diese Resistenz läßt sich an den – wenn ich recht zähle, sieben – selbständigen Auswahlübersetzungen ins Deutsche in jeweils unterschiedlichem Maße studieren. Das scheinbar schlichte Metrum, die liebevolle Hinwendung zu den kleinen Dingen, eine vorschnell als ‚einfühlsam' mißdeutbare weibliche Sehweise, im Verein mit mancherlei Artigem und Geziertem, das in diesem nicht für die Publikation bestimmten Werk stehengeblieben ist – solche Faktoren sind eine ständige Versuchung für den Übersetzer, die Dichterin zu verharmlosen und in die Konvention zurückzuholen: selbst ihre Halbreime verwandeln sich so unversehens in die genre-üblichen Vollreime. Andrerseits weicht die Übertragung vor der Knappheit und dissonanten Dichte der Vorlage nur allzuleicht aus in Bedeutungsverdünnung und Wortstellungskrampf. Dabei gibt es freilich auch eindrucksvoll Gelungenes, nicht nur bei den zehn Texten, die Paul Celan 1959 und 1963 übertragen hat, sondern auch unter den Versionen von Lola Gruenthal (^{2}1992) und Susanne Schaup (1990), sodaß die Bilanz nicht nur entmutigend ausfällt. Die Anziehungskraft dieser einzigartigen Texte, die Schwierigkeit des Unterfangens und das Ungenügen an den meisten bisherigen Ansätzen, auch was deren Umfang und Auswahlkriterien betrifft, mußte zum neuen Versuch einer deutschen Annäherung an Emily Dickinson reizen.

Ausgangspunkt und Grundlage war die Autorität der kritischen Werkausgabe. (Celan, der sie nicht benützt hat, läßt etwa bei seiner Fassung von „Because I could not stop for Death" eine zentrale Strophe weg, die von den früheren Herausgebern als anstößig ausgeschieden worden war). Es galt, die Fremdheit dieser beunruhigenden Lyrik strenger als üblich zu respektieren, bis in die exzentrischen Eigenheiten von Orthographie und Interpunktion; und wenn auch die markante Großschreibung von Substantiven im Deutschen nicht nachvollziehbar war, so ließen sich dafür Adjektive und Verben entsprechend hervorheben: die Worte sperren sich, gehen nicht mehr problemlos im Satzverband auf.

Zu den Stilmitteln der Vorlage, die vor allem zu erhalten waren, gehörte für mich die eigentümliche metrisch-rhythmische Gestalt, ferner die aphoristische oder bildhafte Konzentration des Ausdrucks, die metaphorischen Schocks und die Strategie des ‚schrägen' Sprechens. Im Zweifelsfall habe ich eher versucht, aufzurauhen als zu glätten, und beispielsweise die für Dickinson typischen Assonanzen und Viertelreime oft auch dort eingesetzt, wo im Original volle Reime – nicht unbedingt ein Zeichen gesteigerter Harmonie – stehen.

Was meine Auswahl angeht, so ist sie mit weit über 200 Gedichten erheblich umfangreicher als die bisher vorliegenden. Es sollte, ohne Rücksicht auf leichte oder schwere Übersetzbarkeit, möglichst kein großes Gedicht fehlen; über die Frage, welche Stücke zu dieser Kategorie gehören, gibt es längst einen gewissen kritischen Konsens. Außerdem ging es mir darum, neben eigenen Vorlieben auch bestimmte Aspekte des Werkes hervorzuheben – wie den satirischen, religionskritischen, poetologischen –, die bisher in der deutschen Rezeption vernachlässigt wurden.

Ein dorniges Problem war die Frage der Anordnung. Eine rein chronologische Sequenz wie in der kritischen Ausgabe (wo die Zeitfolge freilich nur Annäherungscharakter hat) verbot sich von selbst, da sie höchst unterschiedliche Texte zueinander gesellt und damit den Leser im Stich gelassen hätte. Die ursprüngliche Anordnung in Dickinsons Manuskriptheften, die von R. W. Franklin 1981 publiziert wurden, deutet nur gelegentlich Textzusammenhänge an und konnte sich ohnehin nicht als Grundlage einer Folge ausgewählter Texte anbieten. Es lag daher nahe, so etwas wie eine thematische Gliederung zu skizzieren: schon die ersten Herausgeber hatten Dickinsons Gedichte, allzu handfest, auf die Kategorien Leben, Liebe, Natur, Zeit und Ewigkeit verteilt. Ich habe versucht, nach einem poetologischen Auftakt (I) über die Außenwelt der Natur (II) hinzuleiten zu den Phasen des Seelendramas, das die zentralen Texte in Szene setzen: Aufbruch (III), Erwählung (IV), Absturz (V), Tod-im-Leben (VI) könnte man sie vielleicht nennen; den Abschluß bilden religionskritische (VII) und satirisch-aphoristische Stücke (VIII).

Eine derartige Anordnung kann nur tentativ sein, im Wissen um ihre unvermeidliche Fragwürdigkeit; sie trennt mancherlei Zusammengehöriges und suggeriert allzu einsinnige Verläufe, zumal bei den ‚Liebesgedichten'. Viele Texte könnten mühelos in mehreren Abteilungen Platz finden. Bei anderen impliziert der Standort eine weitgehende interpretatorische Vorentscheidung: „Ein Haus auf der Höhe“ (S. 51) wird von manchen Kritikern als Allegorie des leeren Himmels gelesen, und müßte dann unter Religionssatire erscheinen, nicht, wie bei mir, in unmittelbarer Nachbarschaft der geheimnisvollen „Vier Bäume – auf einsamem Acker"; „Mich aus Mirselbst verbannen" (S. 133) lese ich als Zeugnis einer unmöglichen Liebe – es läßt sich auch anders deuten. Die wenigen Stücke, die an sich keiner Themengruppe zuzuschreiben sind, wurden nach ihrer Bildersprache verortet: die animalische Schilderung der Eisenbahn unter der Naturlyrik (S. 53), das frappante Einbruchsgedicht in die Nähe des Spottes über die hübschen, heilen Häuser, deren Wohnkomfort den Tod auf Distanz hält (S. 277).

So ist mit jeder Gliederung nach Themenbereichen schon viel, vielleicht allzuviel der Textdeutung getan, und die Offenheit der titellosen Gedichte wird in problematischer Weise eingegrenzt. Freilich kann sich ein solches Verfahren gerade bei dieser Autorin auf die fast obsessive Wiederkehr eines Grundbestands von Themen und Bildern berufen; dabei ist das Einzelgedicht auf die anderen seinesgleichen angewiesen, um möglichst umfassend verstanden zu werden. Die kryptische Verknappung und Mehrdeutigkeit dieser Texte, die ihren Leserbezug ganz wesentlich bestimmt, durch einen Kommentar noch weiter einzuschränken, wäre endgültig ein unerlaubter, weil die Entdeckerfreude des Lesers behindernder Eingriff des Herausgebers.

Bei dem Balanceakt zwischen semantischer Präzision und der metrisch bedingten Forderung nach möglichst einsilbigem Wortschatz, markanten Klangmustern und jambischen Rhythmen, den jede formbetonte Übertragung von Emily Dickinson bedeutet, hat Helke Voß durch konstruktive Kritik den Übersetzer immer wieder vor Leichtsinn, voreiliger Resignation und mancherlei falschen Fährten bewahrt. Daß er nicht allen Alternativvorschlägen folgen konnte, mindert nicht seine Dankbarkeit für reiche Anregung und tätige Hilfe.

Werner von Koppenfels

Verzeichnis der Gedichtanfänge

Konkordanz der übersetzten Gedichte

mit der Numerierung der amerikanischen Standardausgabe (Auf die Gedichtnummer der Ausgabe Th. H. Johnson folgt jeweils die Seitenzahl des vorliegenden Bandes)

Die Deutsche Bibliothek – CIP-Einheitsaufnahme
Dickinson, Emily:
Dichtungen / Emily Dickinson. Ausgew., übertr. und
mit einem Nachw. vers. von Werner von Koppenfels. –
Mainz : Dieterich, 1995
ISBN 3-87162-037-8
NE: Koppenfels, Werner von [Hrsg.]; Dickinson, Emily:
[Sammlung <dt.>]